いつものおかずが

ぐっと
こなれる

栁川かおり

簡単ひと手間

共働きごはん

JN038776

KODANSHA

はじめに。

「今日何食べたい?」、それはきっと私が家族に一番聞いていることかもしれません。

毎日のごはんを考えるのはやっぱり大変で、忙しければ忙しいほど思いつかなくなります。

そういう時に返ってくる返事はたいてい「なんでもいい」。

とはいえ、時間がなくて本当にぱっと作ってしまうと子供たちから苦情がきたりします。

できることならおいしいものを作って、みんなの喜んでいる顔が見たい。

でも、毎日の料理にはそんなに手をかけていられない……。

そこで、私はできるだけ簡単においしく作るために、だんだんと素材の味に頼るシンプルな料理を好むようになりました。

ただ、「簡単」と「手抜き」はちょっと違って、シンプルな料理こそ外せないポイントがあります。

ちょっと下味をつける、しっかり焼き色をつける、火の通し方に気をつける……。

そういった"ひと手間"をかけることで大きく仕上がりが変わりますが、裏を返せばそれさえしておけばいいと言えるのかもしれません。

いつものごはんにちょっとした"ひと手間"をかけることで、料理がぐっとおいしくなる。

これが、私がたどり着いた「共働きごはん」です。

今回ご紹介しているレシピは、我が家でも繰り返し作っているものがたくさん載っています。

またこれでいいの？とか、そんな地味なのが好きなの？と思うこともよくありますが、よくよく考えてみると家で食べるごはんは、それでいいのかもしれません。

忙しい毎日だと何気なく過ぎてしまうこともあるけれど、ふとした時にほっとしたり元気が出たり、ないと寂しく感じたり。

毎日のごはんはそれくらいの存在感であってほしいと思います。

この本が日々忙しいみなさんにとって、少しでもほっとした気持ちや元気な気持ちに繋がればうれしいです。

Kaori Yanagawa

栁川かおり

ぐっとこなれる！

柳川流

「共働きごはん」の極意

仕事に、家事に、子育てに……と、毎日、目が回るほど忙しいと、ちゃんと料理をする時間がないということもあります。でも、料理って、ちょっとした工夫で簡単に、しかも、おいしくなると私は思うんです。工夫といっても少しだけ下準備をしておくとか、味つけの配分を覚えておくとか、そんなことでいいんです。基本的なことを押さえておけば、正直、あとはなんとかなる（笑）！ 私がこれまでいろいろ試行錯誤してたどり着いた「共働きごはん」の極意やルールをご紹介します。

極意 **1**

「ちょっとした下準備」で
時短とおいしさを叶える！

私が料理で一番時間をとるのは下準備。とはいえ、実際やってみるとそんなに大変な作業ではありません。例えば、葉物はまとめて洗ってストックしておくことで、新鮮な状態を保つことができ、冷蔵庫からさっと出してすぐに使えます。お肉にはしっかり粉をふることで、たれが手早く絡み、うまみをとじ込めて柔らかく仕上げることができます。このちょっとした手間が時短とおいしさに繋がります。

極意 **2**

「塩」を制すれば
料理を制す！

塩加減というと、味つけのことだと思われるかもしれませんが、私は、ゆでるときの塩の量に気をつけています。「その塩加減!?」という印象でしょうが、ここが大事！ 本当に少しの加減で味が変わるんです。また、お肉には下味をつけることを忘れずに。下味をつけておけば、仕上げの味つけは多少アバウトでも大丈夫。塩の使い方を自分の物にして、料理の質をアップさせましょう。

MY RULE

- ☐ ゆでたあと、そのまま食べる物は塩をしっかりめに。
  お湯1ℓに対して塩小さじ2（10g）がおすすめ

- ☐ ゆでたあと、さらに味つけをする物はお湯1ℓに対して塩小さじ1（5g）
  （ちょっとアバウトでもOK！）

- ☐ ゆでる際はいつも同じ鍋を使い、大体の水と塩の分量を覚えておくとラク

- ☐ 肉には塩とともに砂糖や酒を使って下味をつけて

極意 **3**

味つけは「ワンパターン」に徹する！

私のレシピで使う調味料に、特別な物はありません。それは、常にシンプルな味つけにしておけば、素材を替えるだけで違う味に感じるから。特に基本の味つけはいくつか覚えておくと便利です。ここで紹介する例を参考に、食材によって微調整したり、オイルを替えたり、風味づけの調味料や食材をプラスしてもらえば、アレンジも広がります！

MY RULE

☐ **基本の味つけ ⇒**
   砂糖（またはみりん）：しょうゆ＝1：1

☐ **照り焼きのたれ ⇒**
   みりん：しょうゆ：砂糖＝大さじ2：大さじ1：小さじ1/2〜1

☐ **オイルを替えるだけでも風味が変わる**

☐ **プラスαの風味づけ ⇒**
   薬味や香味野菜、ゆずこしょう、マスタード、カレー粉など

「待つ」調理がおいしさアップ＆
段取り上手への近道！

今回のレシピには、焼き色をしっかりつけておいしくするため、食材を動か
さずに焼くものや、柔らかく仕上げるために余熱で火を通すものなど、ちょ
っとした待ち時間があるレシピが出てきます。時間がかかる印象を持つかも
しれませんが、待っている間にほかのおかずの準備や洗い物ができるので、
実は時間を有効活用しやすいんです。スピード勝負のおかずだとバタバタし
がちで手が離せず、結局1品ずつ作るので時間がかかるいうことも……。ト
ータルで見ると、待つ時間があるレシピのほうが段取り上手になれるんです。

MY RULE

☐　焼き色も調味料の一つ。食材を動かさずに焼くことも大事

☐　余熱で火を通すことで柔らかく仕上げる

☐　焼き時間、余熱時間はほかのおかずの準備や洗い物の時間

☐　1品ずつ作るより2品以上の準備、調理、洗い物を並行して
　　進めるほうが早い！

忙しい日は「焼くだけ」「煮るだけ」の「○○だけ調理」でOK！

忙しい日や時間がない日は、材料や工程が少ない「○○だけ調理」にしちゃいましょう。特に工程は、材料を入れて焼くだけ、煮るだけですむものに。具材に野菜とお肉（またはお魚）の両方が入っていれば十分満足できます。またPART 3の「メイン材料1つだけ」で作れるレシピも覚えておくと◎。なにかあと1品足りない……という時にさっと作れて、便利です。

私の毎日をチラ見せ

私の一日のタイムスケジュール

夫は平日、私が出勤してから起きてきて、寝るころに帰ってくるので、朝食や夕食は準備しておいて、自分で食べてもらっています。平日でお休みの日は、仕事の時間が自由になるので、撮影用の料理を作ったり、写真を整理したり、SNSをアップしたり。時短勤務ということもあり、朝食、夕食を子供たちといっしょにとれるのはうれしいですね。

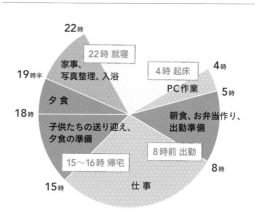

「冷凍」を味方につけよ!

共働きにとって冷凍は本当に便利! 特にみじん切りのにんにくやカット済みの鶏肉などは、使う分だけ取り出せるので大活躍。ベーコンのスライスは1枚ずつ包んで冷凍しておくと、凍ったままでもカットでき、そのまますぐに調理できます。あさりも砂抜き後に洗って冷凍しておけばそのまま使えますよ。風味を保つためにもかつお節や明太子も冷凍しちゃいます。

私の1週間の スケジュール

娘は中学生、息子は小学生。私の医師の仕事は、平日にもお休みが1日と早く帰れる日があります。時短勤務ではありますが、平日は、仕事に家事に、子供たちの習い事の送り迎えとバタバタしているので、週末はゆっくり過ごすようにしています。

MONDAY	料理家の仕事	
TUESDAY	医師の仕事	
WEDNESDAY	医師の仕事	週の真ん中にネットスーパーで注文したものが届く
THURSDAY	午前:医師の仕事 午後:料理家の仕事	
FRIDAY	医師の仕事	
SATURDAY	休み	土日どちらかで週末のまとめ買いとネットスーパーへの注文
SUNDAY	休み	

Contents

メインおかず *Main Dish*

PART 2 副菜 *Side Dish*

PART 3 メイン食材1つだけ *Only One Main*

PART 4 サラダ *Salad*

Column

この本の見方

● 大さじ1は約15gまたは15㎖、小さじ1は約5gまたは5㎖です。
● 火加減、電子レンジの加熱時間は目安です。
　お使いのコンロや調理器具、機種に合わせて様子を見ながら調節してください。
● 食材を切るなどの下準備は、材料の横に（ ）で明記しています。
　作り始める前に、準備しておくことをおすすめします。
● バターは有塩が基本です。無塩のものを使う時は、レシピに記載しています。

PART 1 メインおかず *Main Dish*

メインのおかずは、やっぱり食卓の主役だと私は思っています。だからこそ、
気分が上がる料理を作りたいのですが、忙しいと手抜きになりがちなんですよね。
でも、しっかり下準備をしておけば、時間をかけずにおいしい主役ができますよ。

甘辛のたれがご飯に合う！ お弁当にもぴったり

鶏胸肉の甘辛焼き

調理時間 **15** 分

材料〈2人分〉

鶏胸肉 … 1枚（約300g）

A | 酒 … 小さじ1
  | 塩 … 少々
  | 砂糖 … 少々

薄力粉 … 大さじ1〜2

ごま油 … 大さじ1

B | みりん … 大さじ2
  | しょうゆ … 大さじ1
  | 砂糖 … 小さじ1/2
  | 豆板醤（トウバンジャン） … 少々

いりごま（白） … 適量

サニーレタス … 適量

作り方

1. 鶏胸肉は皮を除いて一口大のそぎ切りにしてボウルに入れ、**A**をもみ込んで5分おく。

2. ポリ袋などに入れ、ごま油小さじ1を混ぜ、薄力粉をまぶす。

3. フライパンを中火で熱して残りのごま油を入れ、**2**を広げるように並べ、両面を焼く。

4. フライパンの余分な脂をキッチンペーパーなどで軽くふき取り、**B**を合わせて加え、軽く煮つめる。器に盛り、いりごまをふり、サニーレタスを添える。

ひと手間で 簡単

鶏胸肉は繊維を断つようにそぎ切りにし、

下味に酒を入れることでより柔らかくジューシーになります。

Bは照り焼きのたれ（6ページ参照）の割合を覚えておくと、

ササッと作れてすぐに完成！

卵の衣でふんわり。子供も喜ぶほんのりカレー味

ささみのカレー衣揚げ

調理時間 15分

材料〈2人分〉

鶏ささみ … 3〜4本(約200g)

A｜しょうゆ … 小さじ1
　｜砂糖 … 小さじ1
　｜カレー粉 … 小さじ1

溶き卵 … 1個分

片栗粉 … 大さじ3

パセリ … 適量

レモン（くし形切り）… 適宜

作り方

1. ささみは筋を取り、1本を4等分のそぎ切りにする。Aを全体によくまぶし、5分おく。

2. 溶き卵に片栗粉を加え、ダマがなくなるまでよく混ぜる。片栗粉の量は、鶏肉に卵液がとろりと絡むくらいが目安。

3. 1を2にくぐらせ、170度の油（分量外）で揚げる。器に盛り、お好みでパセリ、レモンを添える。

ひと手間で 簡単

卵＋片栗粉の柔らかい卵衣は、

天ぷらの衣より作るのが簡単で、

冷めてもおいしいのでお弁当にもよく使います。

この衣は、ささみや鶏胸肉、白身魚など

柔らかい素材と相性がいいですよ！

下味はすべて同量と覚えておけばOK。

しょうが多めのソースが後を引く！

揚げない油淋鶏

調理時間20分

材料〈2人分〉

鶏もも肉 … 1枚（約300g）

A | 塩 … 1つまみ
　　 砂糖 … 少々
　　 酒 … 小さじ1

B | 長ねぎ（みじん切り）… 1/8本
　　 しょうが（みじん切り）… 7g
　　 にんにく（すりおろし）… 少々
　　 赤唐がらし（小口切り）… 少々
　　 しょうゆ … 大さじ1強
　　 砂糖 … 大さじ1
　　 酢 … 大さじ1/2〜1

サラダ油 … 大さじ1/2

薄力粉 … 大さじ1〜2

もやし … 1/2袋

パクチー … 適宜

3

※プロセスの写真は4人分です。

作り方

1. 鶏もも肉は厚みに切り目を入れて均等にし、**A**を もみ込み10分おく。

2. ボウルに**B**を入れ、よく混ぜ合わせておく。

3. フライパンを中火で熱し、サラダ油をひき、薄力 粉をまぶした**1**を皮目を下にして入れる。2分程 焼いて皮に焼き色がついたら裏返し、弱めの中火 で3〜4分焼く。

4. 電子レンジ（600W）で2分加熱したもやしを器に 盛り、1cm幅に切った**3**をのせて**2**をかける。お 好みでパクチーを添える。

ひと手間で 簡単

鶏もも肉を切らずに焼くことで、

より工程が簡単（しかも時短！）になりますし、

よりジューシーに仕上がります。

肉の下味には塩だけでなく砂糖も入れるのが基本です。

しょうがを効かせて風味豊かに

我が家の唐揚げ（しょうゆ味）

調理時間 **15** 分 （おく時間を除く）

材料〈2人分〉

鶏もも肉 … 1枚（約300g）

A | 鶏がらスープのもと … 小さじ1/4
　 | 砂糖 … 小さじ1/2
　 | しょうゆ … 大さじ1
　 | しょうが（すりおろし）… 1かけ
　 | にんにく（すりおろし）… 1/2かけ

サラダ油 … 大さじ1

片栗粉 … 適量

すだち … 適宜

青じそ … 適宜

作り方

1. 鶏もも肉は大きめの一口大に切ってボウルに入れ、混ぜ合わせたAをもみ込み30分おく。

2. サラダ油を加えて混ぜる。

3. 別のボウルに片栗粉を入れ、鶏肉を1切れずつ入れてたっぷりまぶし、軽くにぎってなじませる。170度の油（分量外）で揚げる。器に盛り、お好みですだち、青じそを添える。

ひと手間で
簡単

片栗粉は直接、鶏肉にふらず、

別のボウルに入れてまぶすこと！

また、手の水分をしっかりふき取っておくと

手に衣がくっつくのを防げます。

油に入れた後は表面がカリッとするまで触らない！

レンジ加熱だけで完全に火を通そうと思わず、

余熱を使ってしっかり火を通していきます。

出来立てより時間を置いたほうがしっとりするので

作り置きに最適。朝ごはんやお弁当によく使います。

塩水に1晩つけるだけでしっとり、おいしい！

鶏胸肉のレンジ蒸し鶏

調理時間 **10**分 （寝かせる、冷ます時間を除く）

材料〈2人分〉

鶏胸肉 … 1枚（約300g）

水 … 200mℓ

塩 … 小さじ1と1/2

パクチー … 適量

作り方

1. ジッパーつきポリ袋に分量の水と塩を入れて混ぜ、鶏胸肉を加える。空気を抜いて口を閉じ、冷蔵庫で1晩以上寝かせる。

2. 耐熱容器に水けをきった1をのせてラップをし、電子レンジ（600W）で3分加熱する。

3. 返してラップをし、もう2分加熱する。ラップをしたまま粗熱が取れるまで冷ます。食べやすい大きさにカットして器に盛り、パクチーを添える。

Arrange ┊ 鶏胸肉のレンジ蒸し鶏を使ったアレンジサラダ

しっとり蒸し鶏の
ねぎドレッシングサラダ

材料〈作りやすい分量〉

鶏胸肉のレンジ蒸し鶏 … 1枚

レタス … 2〜3枚

紫玉ねぎ（薄切り） … 1/4個

みょうが（薄切り） … 2個

いりごま（白） … 適量

A｜ごま油 … 大さじ2
　｜ポン酢 … 小さじ1
　｜塩 … 小さじ1/3
　｜長ねぎ（みじん切り）
　｜　… 1/8本

作り方

鶏胸肉のレンジ蒸し鶏はそぎ切りにする。

器に手でちぎったレタス、紫玉ねぎ、蒸し鶏をのせ、みょうが、いりごまをふり、

混ぜ合わせたAのねぎドレッシングをかける。

チーズがとろける揚げたてが食べごろ

チーズ・チキンナゲット

調理時間 **20** 分 （寝かせる時間を除く）

材料〈2人分・約15個〉

鶏胸肉 … 1枚（約300g）
プロセスチーズ … 25g
A 塩 … 小さじ1/4
　　砂糖 … 小さじ1/2
　　酒 … 小さじ1
　　こしょう … 少々
溶き卵 … 1個分
片栗粉 … 大さじ3
セルフィーユ … 適宜
トマトケチャップ … 適宜

作り方

1. 鶏胸肉は皮を除いて包丁で粗く刻む。プロセスチーズは5mm角に切る。

2. ボウルに鶏肉と**A**を入れてよく混ぜたらプロセスチーズを加えて混ぜ合わせる。

3. 一口大にまとめ、小判形に整える。この時、チーズはなるべく中に入れ込む。ラップをして冷蔵庫で15分くらい寝かせる。

4. 別のボウルに溶き卵を入れ、片栗粉を加えて、ダマがなくなるまでよく混ぜる。**3**を1つずつ絡め、170度の油（分量外）で揚げる。器に盛り、お好みでセルフィーユ、トマトケチャップを添える。

ささみのカレー衣揚げ（16〜17ページ参照）と同じ衣を使います。
この衣は覚えておくといろいろ使えるので便利ですよ。
鶏肉はひき肉を使うより、刻んだほうがよりジューシー。
工程**3**まで作って冷凍保存も可能です。

ひと手間で
簡単

ひと手間で
簡単

このレシピは焼き方が重要！

鶏肉の周りにかかるくらい多めの油を使い、

動かさずにじっくり焼くことで皮がパリッと仕上がります。

焼くだけでごちそう感の出るステーキはパパッとごはんにぴったり！

下味は塩：砂糖＝２：１の、私の黄金比。

パリパリの皮の食感とガーリックの風味を楽しむ！

パリッとチキンステーキ
ガーリックトマトソース

調理時間 **20**分

材料〈2人分〉

鶏もも肉 … 1枚(約300g)

A | 塩 … 小さじ1/2
　　| 砂糖 … 小さじ1/4

オリーブオイル … 大さじ1

にんにく(スライス) … 1かけ

プチトマト(半分に切る) … 8個

B | みりん … 小さじ1
　　| しょうゆ … 小さじ1

黒こしょう … 適量

レモン(くし形切り) … 適宜

クレソン … 適宜

作り方

1. 鶏もも肉は半分に切り、混ぜ合わせた**A**を両面にふる。

2. フライパンを中火で熱し、オリーブオイル、にんにくを入れ、香りが出てきたらにんにくを取り出し、皮目を下にして**1**を入れ、強めの弱火〜中火で7〜8分焼く。

3. 皮に焦げ色がついてパリッとしたら裏返し、少しすき間を開けてふたをし、強めの弱火でさらに5分ほど焼く。

4. 途中でスプーンなどを使い、オリーブオイルと鶏肉から出た脂をかけながら焼くとパリッと仕上がる。中まで火が通ったら取り出す。

5. フライパンに残った脂を半分ほどふき取り、プチトマト、オリーブオイル小さじ1(分量外)、**2**で取り出したにんにくを加えて中火でいためる。**B**を加え、プチトマトが少し崩れるくらいになったら火をとめる。

6. 器に**4**を盛り、**5**をかけ、黒こしょうをふる。お好みでレモンやクレソンを添える。

ひと手間で
簡単

肉と野菜は味のしみ込み方が違うので、
いっしょに味つけしようとすると濃くなりがちです。
豚肉にだけ少し下味を入れておけば、
最後の味つけがアバウトでも味は決まりますよ。

にら卵に豚肉を加えてボリュームアップ

豚にら卵いため

調理時間 10分

材料〈2人分〉

豚肩ロース肉（薄切り）… 150g

A｜塩 … 1つまみ

　｜砂糖 … 1つまみ

　｜酒 … 小さじ1

片栗粉 … 小さじ2

ごま油 … 大さじ1

卵 … 2個

しょうが（せん切り）… 1かけ

にら（5cm長さに切る）… 1束（約200g）

鶏がらスープのもと … 小さじ1/2

オイスターソース … 小さじ1

黒こしょう … 適量

作り方

1. 豚肩ロース肉は一口大に切り、**A**をもみ込み、片栗粉を全体にまぶす。

2. フライパンを中火で熱してごま油を2/3量入れたら、卵をよく溶いて流し入れ、半熟にいためて取り出す。

3. フライパンに残りのごま油を入れ、**1**の豚肉を広げるようにして並べ、両面を焼く。

4. しょうが、にらを加えていため、鶏がらスープのもと、オイスターソースを加えて味つけする。**2**を戻してざっと混ぜ、黒こしょうをふる。

定番ミルフィーユ鍋をトマト味にアレンジ！

豚と白菜のトマトチーズミルフィーユ鍋

調理時間 30分

材料〈2人分〉

白菜 … 1/4株

豚ばら肉（薄切り） … 200g

塩 … 適量

カットトマト缶 … 1缶（400g）

水 … 200ml

めんつゆ（2倍濃縮） … 50ml

ピザ用チーズ … 適量

黒こしょう … 適量

作り方

1. 白菜の根元を切り落とす。白菜1枚の上に豚ばら肉1枚をのせて塩をふり、これを繰り返して重ねていく。

2. 鍋の深さより少し低めの長さにカットし、切り口を上にして鍋にぎゅうぎゅうになるくらい入れる。

3. トマト缶、分量の水、めんつゆを加える。火にかけて沸騰したらふたをして弱火で10〜15分煮る。

4. 味をみて、必要ならめんつゆ（分量外）を加えて味を調える。ピザ用チーズをのせて再度ふたをし、チーズが溶けるまで3〜4分加熱したら火をとめ、黒こしょうをふる。

+ ひと手間で簡単

✓ スープを残しておけば、直接パスタを入れてOK。表示時間通りに煮込めば完成です。

豚肉は味がなじみにくいので、

塩で下味をつけながら重ねていきます。

その後に煮込むので下味の塩の量は

アバウトでも大丈夫。

めんつゆなど最後の味つけで調整しましょう。

ひと手間で
簡単

たれを絡めるので、お肉に下味はつけません。

代わりに薄力粉をふることで、お肉を柔らかく仕上げます。

薄力粉効果でたれも絡みやすくなりますよ。

味つけの基本はしょうゆとみりん同量。砂糖の量はお好みで。

しょうがを多めに入れて、体もぽかぽか

豚のしょうが焼き

調理時間 20分

材料〈2人分〉

A｜砂糖 … 小さじ1
　｜しょうゆ … 大さじ1と1/2
　｜みりん … 大さじ1と1/2
　｜酒 … 大さじ1
しょうが（すりおろし）… 1かけ
豚肩ロース肉（スライス）… 200〜250g
薄力粉 … 適量
サラダ油 … 小さじ1
玉ねぎ（少し厚めの薄切り）… 1/4個
キャベツ（せん切り）… 適量
レモン（くし形切り）… 適量
マヨネーズ … 適宜
コチュジャンだれ … 適宜
七味唐がらし … 適宜
ご飯 … 適宜

作り方

1. Aを合わせて混ぜ、しょうがを加える。

2. 豚肩ロース肉をバットに広げ、茶こしなどを使って薄力粉を薄く両面にふる。

3. フライパンを中火で熱し、サラダ油を入れる。豚肉を広げて並べ、焼き色がつくまで動かさずに焼く。裏返して焼き色がついたら取り出す。この時は中まで火が通っていなくてもOK。

4. 同じフライパンで玉ねぎをいためる。しんなりとしたら3を戻し入れ、1を加えていため合わせる。

5. 豚肉に火が通ったら先に器に盛る。玉ねぎとたれをお好みの濃さまで煮つめたら、豚肉にかける。

6. キャベツとレモンを添える。お好みでマヨネーズやコチュジャンだれ（35ページ参照）をつけ、七味唐がらしをふって、ご飯とともにいただく。

ひと手間で
簡単

ゆでた後も煮汁に入れたまま冷ますことで
しっとり仕上がります。
食べる時の味つけはお好みで。
キムチも味つけのひとつにしちゃいましょう。
コチュジャンだれは、いろいろ使える万能だれ！

ゆでたらそのまま放っておくだけ！

野菜と食べたいゆで豚

調理時間 60分

材料〈作りやすい分量〉

豚肩ロース肉(かたまり) … 500〜600g

A｜水 … 1ℓ
　｜酒 … 大さじ2
　｜しょうゆ … 大さじ1
　｜塩 … 小さじ1
　｜長ねぎの青い部分 … 1本分
　｜しょうが(厚めスライス) … 3〜4かけ
　｜玉ねぎ … 1/4個
玉ねぎ(スライス) … 適量
青ねぎ(4cmの長さに切る) … 適量
キムチ … 適量
サンチュ … 適量
コチュジャンだれ … 適量

作り方

1. ボウルに豚肩ロース肉を入れ、かぶるくらいの水(分量外)に10分ほどつけて水けをよくきる。

2. 鍋にAと1を入れて火にかけ、沸騰したらふたをして弱火で30分ゆでる。火をとめてそのまま粗熱が取れるまでおく。

3. 2を5mm幅くらいにスライスし、玉ねぎ、青ねぎなどお好みの野菜、キムチなどといっしょにサンチュに巻き、コチュジャンだれをつけていただく。

いろいろ使える！
コチュジャンだれの作り方

材料〈作りやすい分量〉
コチュジャン … 大さじ1
みそ … 大さじ1
砂糖 … 大さじ1
すりごま … 大さじ1/2

作り方
材料をすべて混ぜるだけ。しょうが焼きなど特に肉を使ったレシピと相性がいい。

ひと手間で簡単 +

お肉と野菜の炒め物は、必ずお肉に下味を。
調味料はあらかじめ合わせておくとスピーディです。
いっしょに片栗粉を入れておくとより時短に。
野菜は、大きさをそろえると見た目もきれい。

ご飯がすすむ！しっかりコクのある味つけ

青椒肉絲
（チンジャオロース）

調理時間 20分

材料〈2人分〉

ピーマン … 3〜4個

豚肩ロース肉（薄切り）… 150g

A｜塩 … 少々
　｜砂糖 … 少々
　｜酒 … 小さじ1

片栗粉 … 小さじ1

ごま油 … 大さじ1

竹の子（水煮・細切り）… 50g

しょうが（せん切り）… 1かけ

B｜酒 … 小さじ2
　｜しょうゆ … 小さじ2
　｜砂糖 … 小さじ1
　｜オイスターソース … 小さじ1/2
　｜鶏がらスープのもと … 小さじ1/2
　｜片栗粉 … 小さじ1
　｜水 … 大さじ2

黒こしょう … 適量

作り方

1. ピーマンはへたと種を取って細切りにする。

2. 豚肩ロース肉は細切りにし、ボウルに入れ**A**をもみ込み、片栗粉を加えて混ぜる。

3. フライパンを中火で熱して半量のごま油を入れ、豚肉を広げて焼く。ほぐしながら裏返して、取り出す。

4. フライパンに残りのごま油としょうが、**1**、竹の子を入れていためる。

5. 豚肉を戻し、合わせた**B**を加えていため、器に盛って黒こしょうをふる。

豚肉をゆでてあえるだけ。トマトでさっぱり！

豚しゃぶトマトのキムチあえ

調理時間 15分

材料〈2人分〉

水 … 1ℓ

塩 … 小さじ2

豚肉(しゃぶしゃぶ用) … 150g

トマト(8等分に切る) … 小2個(約150g)

キムチ … 150g

いりごま(白) … 小さじ1

ごま油 … 大さじ1

めんつゆ(2倍濃縮) … 小さじ1〜2

青ねぎ(4cmの長さに切る) … 適宜

作り方

1. 大きめの鍋に分量の水を入れて沸かし、塩を加え、煮立たせずに静かに豚肉をゆでる。豚肉の色が変わったらボウルに取り出す。

2. トマト、キムチ、いりごまを加え、ごま油とめんつゆであえる。器に盛り、お好みで青ねぎを添える。

ひと手間で 簡単

豚肉につけた薄い塩味と

キムチの味で味つけはほぼ完成！

あとは、仕上げのめんつゆで調整できます。

豚しゃぶ肉は、お湯に対して

1%の塩の量を目安にしてゆでると

より柔らかく、おいしくなります。

ほくほくの新じゃがとバターの風味が決め手

牛じゃが煮っころがし

調理時間 **20** 分（水にさらす時間を除く）

材料〈2人分〉

新じゃが … 300g
サラダ油 … 適量
A｜水 … 200㎖
　｜みりん … 大さじ2
　｜砂糖 … 大さじ1/2
牛肉（薄切り）… 50g
しょうゆ … 大さじ1
バター … 5〜10g

作り方

1. 新じゃがは皮ごと洗って半分に切り、水（分量外）にさらす。

2. フライパンにサラダ油をうすくひき、水けをきった**1**を軽くいため、**A**を加えたら、牛肉を広げてのせ、ふたを少しずらして中火で10分くらい煮る。

3. しょうゆを加えてフライパンをゆすりながら照りが出るまで煮つめ、バターをのせる。

ひと手間で
簡単

牛肉はある程度、脂の入っているものが最適。
砂糖を先に入れることでお肉が柔らかくなります。
味つけのベースは照り焼きのたれ（6ページ参照）ですが
じゃが芋料理は甘めがおいしいので
少し砂糖多めになっています。

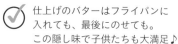
仕上げのバターはフライパンに入れても、最後にのせても。
この隠し味で子供たちも大満足♪

なすを焼く時は油を多めに使ったほうが

早く火が通ってとろっと柔らかくなります。

ホワイトソースは手間がかかるので、

生クリームをかけるだけに。

間にふった薄力粉とチーズでとろみもつきます。

なすを多めの油で焼いてとろんと柔らかく

なすのラザニア風

調理時間 20 分

材料〈2人分・20cmのグラタン皿1枚分〉

なす … 3本
サラダ油 … 大さじ1～2
玉ねぎ（みじん切り） … 1/4個
合いびき肉 … 200g
カットトマト缶 … 1/2缶（200g）
トマトケチャップ … 大さじ1
赤ワイン … 50㎖
塩 … 適量
薄力粉 … 小さじ1
シュレッドチーズ … 60g
生クリーム … 50㎖

作り方

1. なすはへたを取り、1cm厚さに切り、水（分量外）にさらす。フライパンを中火で熱してサラダ油を加え、水けをよくきったなすを両面焼いて、取り出す。

2. フライパンに玉ねぎと合いびき肉を入れていため、ひき肉の色が変わったらトマト缶、トマトケチャップ、赤ワインを加えて5～10分煮込む。塩を加え、酸味が気になる時は砂糖（分量外）を少し加えて味を調える。

3. グラタン皿に半量のなすを並べ、1/2量の薄力粉をふるう。上に半量の3とシュレッドチーズをのせる。これをもう一度繰り返す。

4. 生クリームを上から回しかけて、オーブントースターで表面に焼き色がつくまで5～10分焼く。

そのままおかずとして、ご飯にかければ丼に

ゆずこしょうの和風麻婆豆腐

調理時間 15分

材料〈2人分〉

ごま油 … 小さじ1/2

鶏ひき肉 … 75g

長ねぎ(みじん切り) … 1/4本

しょうが(みじん切り) … 1/2かけ

A｜めんつゆ(2倍濃縮) … 大さじ2
　｜水 … 75㎖
　｜ゆずこしょう … 小さじ1/2

絹ごし豆腐(さいの目切り) … 1/2丁(約200g)

水溶き片栗粉 … 適量

黒こしょう … 適量

ゆずの皮(みじん切り) … 適宜

作り方

1. フライパンを熱してごま油をひいて鶏ひき肉をいため、全体に色が変わったら長ねぎとしょうがを加えていためる。

2. Aを加え、沸騰したら豆腐を加えてふたをし、弱火で2〜3分煮る。

3. 水溶き片栗粉でとろみをつける。器に盛り、黒こしょうをふり、お好みでゆずの皮をちらす。

ひと手間で
簡単

めんつゆは、そのままでも

味つけに使えて便利ですが、

しょうがや長ねぎといった香味野菜、

ゆずこしょうを加えることで味が変わります。

仕上げにゆずの皮をちらすと、

より風味が増しますよ。

皮の食感を楽しみつつ、具もぎっしりで食べ応え十分

肉ワンタン

調理時間 **15**分

材料〈25〜30個分〉

豚ひき肉 … 100g

A 長ねぎ(みじん切り) … 7〜8㎝
　しょうが(みじん切り) … 1かけ
　鶏がらスープのもと … 小さじ1/4
　しょうゆ … 小さじ1/2
　砂糖 … 小さじ1/2
　酒 … 小さじ1
　ごま油 … 小さじ1

ワンタンの皮 … 25〜30枚
好みのたれ … 適量
パクチー … 適宜
白髪ねぎ … 適宜
いりごま(白) … 適宜

作り方

1. ボウルに豚ひき肉、**A**を入れてよく混ぜる。
2. ワンタンの皮の中央に**1**をティースプーン1杯分くらいのせる。対角線で半分に折り、軽くひだを寄せながら両端を合わせてぎゅっと手で押さえて包む。これを繰り返す。
3. 鍋にたっぷりの湯(分量外)を沸かして、くっつかないように**2**を入れ、浮いてきたらさらに30秒ほどゆでて取り出す。
4. 器に盛り、お好みのたれをかけていただく。パクチーや白髪ねぎ、いりごまを合わせてもOK。

✓ たくさん作って冷凍する場合は、ゆでる前に保存容器に入れ、間にオーブンシートを挟んでくっつきを防ぐ。

＋
ひと手間で
簡単

しょうゆと砂糖、同量のいつもの下味に鶏がらスープのもとを入れると中華風に。

パクチーと、食べるラー油があるとぐっとおいしくなります。

実はギョウザよりもシュウマイやワンタンのほうが簡単！

冷めてもふんわり柔らかいからお弁当にもぴったり

豆腐ハンバーグ

調理時間 **30** 分 （おく時間を除く）

材料〈2人分〉

木綿豆腐 … 150g

玉ねぎ … 1/8個

合いびき肉 … 100g

生パン粉 … 25g

みそ … 小さじ1/2

塩 … 1つまみ

サラダ油 … 小さじ1

A | 水 … 25mℓ
  | めんつゆ（2倍濃縮）… 大さじ1
  | みりん … 大さじ1/2

水溶き片栗粉 … 適量

七味唐がらし … 適宜

クレソン … 適宜

作り方

1. 豆腐は1晩おいて水きりしておく。玉ねぎはみじん切りにして塩1つまみ（分量外）をふって10分おき、水けをしっかりと絞る。

2. ボウルに合いびき肉、1、生パン粉、みそ、塩を入れてよく混ぜる。生地がゆるいようなら生パン粉を適宜追加する。

3. 4等分にして平らな楕円形に丸め、中央をくぼませる。時間があれば冷蔵庫に30分ほどおく。

4. フライパンを中火で熱してサラダ油をひき、3を並べて片面2分焼く。返してふたをして弱火にし、5分くらい蒸し焼きにする。中央がふっくらとして水分がほとんどなくなったら取り出す。

5. フライパンをキッチンペーパーなどでさっとふき、合わせたAを入れて火にかける。一煮立ちしたら水溶き片栗粉を加えてとろみをつける。

6. 4を器に盛り、5のたれをかける。お好みで七味唐がらしをふり、クレソンを添える。

2

3

6

ひと手間で 簡単

みそは塩けが柔らかいので、
肉の下味として基本の砂糖の代わりに
入れています。
玉ねぎはいためる代わりに
塩をふって水分を出して。
めんつゆにみりんを加えると、
照り焼きっぽいたれの味になりますよ。

ストックしておけば具材としてアレンジ可能

さけのみりんづけ

調理時間 **10** 分 （おく時間を除く）

さけ以外の魚を使っても同じレシピで簡単にみりんづけが作れます。

我が家では、さわらやあじ、さんまなどでも作ります。前の日につけておいて、翌朝、焼いてお弁当に入れることもよくありますね。

材料〈2人分〉

さけ(切り身) … 2切れ(約200g)
塩 … 小さじ1/3
みりん … 大さじ2
しょうゆ … 大さじ1/2
大根おろし … 適宜
すだち … 適宜
青じそ … 適宜

作り方

1. さけに塩をふり、10分くらいおく。出てきた水分はキッチンペーパーでよくふく。

2. ジッパーつき保存袋に**1**、みりん、しょうゆを入れ、空気を抜いて密閉する。冷蔵庫に入れ1日おく。

3. 魚焼きグリルで焼く。器に盛り、お好みで大根おろし、すだち、青じそを添える。

Arrange ┊ さけのみりんづけをほぐしてもう1品

さけのみりんづけ チャーハン

材料〈作りやすい分量〉

A ┊ ご飯 … 1合分(約350g)
　　卵 … 2個
　　鶏がらスープのもと … 小さじ1/2
　　塩 … 1つまみ
サラダ油 … 大さじ1
さけのみりんづけ … 100g
長ねぎ(みじん切り) … 1/2本
しょうゆ … 小さじ1/2〜1

作り方

1. ボウルに**A**を入れ、混ぜておく。

2. フライパンを中火で熱してサラダ油を入れ、**1**を少量ずつ広げて入れて底が焼けてきたら返してほぐすことを繰り返す。

3. ほぐしたさけのみりんづけと長ねぎを加えていため合わせ、仕上げにしょうゆで味を調える。

※写真は4人分です

基本のぶりの照り焼きに隠し味でバターをプラス

ぶりの照り焼き

調理時間 **15**分

材料〈2人分〉

ぶり（切り身）… 2切れ（約200g）

薄力粉 … 適量

サラダ油 … 小さじ2

長ねぎ（3㎝長さに切る）… 適宜

A | 酒 … 大さじ1
　| みりん … 大さじ2
　| しょうゆ … 大さじ1
　| 砂糖 … 小さじ1〜2

バター … 5g

作り方

1. ぶりに塩（分量外）をふり、10分おく。キッチンペーパーで余分な水分をふき、薄力粉を薄くまぶす。
2. フライパンを中火で熱してサラダ油を入れ、**1**と長ねぎを加え、ぶりの片面に焼き色がつくまで焼く。
3. 返してやや火を弱め（強めの弱火）、8割ほど火が通るまで焼く。ぶりをはしで傾け、皮目も焼く。
4. キッチンペーパーなどで余分な脂をふき取り、**A**を加えて軽くとろみがつくまで煮つめ、最後にお好みでバターを加える。

ひと手間で簡単

切り身魚のレシピは、意外と短時間で
作れるので忙しい日にもおすすめ！
皮も焼いたほうが臭みなく
香ばしくおいしくなります。
薄力粉をまぶすと味が絡みやすく、
短時間でおいしく仕上がります。

ひと手間で
簡単

コチュジャンベースのたれは、

コチュジャン大さじ1に、ほかの調味料は小さじ1と

ほぼすべて同量なので覚えやすいです。焼く時はあまり動かさず、

ほったらかしにしたほうがおいしくできます。

全部混ぜて焼くだけ！ いかのうまみがおいしい一品

オサムプルコギ

調理時間 **15**分 （冷蔵庫でおく時間を除く）

材料〈2人分〉

いか … 2杯（正味約150g）

豚ばら肉（薄切り）… 100g

玉ねぎ … 1/2個

A | コチュジャン … 大さじ1
　| 砂糖 … 小さじ1
　| はちみつ … 小さじ1
　| しょうゆ … 小さじ1
　| 酒 … 小さじ1
　| ごま油 … 小さじ1
　| 韓国産粉唐がらし … 小さじ2程度
　| にんにく（みじん切り）… 1かけ
　| しょうが（みじん切り）… 1かけ

青ねぎ（3〜4cm長さに切る）… 適量

いりごま（白）… 適量

韓国産粉唐がらし … 適量

作り方

1. いかはわたと目、くちばし、軟骨を除いて
   きれいに洗い、3cm幅に切る。豚ばら肉は
   一口大に、玉ねぎは繊維に垂直に1cm幅に
   切る。

2. ボウルに**A**を入れて混ぜ合わせる。

3. **1**を加えてよく混ぜたら、冷蔵庫で30分
   〜1時間おく。

4. フライパンを中火で熱して必要ならごま油
   小さじ1（分量外）をひき、**3**を焼く。あま
   り動かさず、焼き色をつけるように。

5. 全体に焼き色がついたら、水分をとばしな
   がらいため合わせる。青ねぎをのせ、いり
   ごま、粉唐がらしをふる。

生活の中心になる場所

栁川流 居心地のいいキッチンの作り方

食事を作って、洗い物をして、片づけをして。キッチンにいる時間って、
とても長いですよね。だからこそ、キッチンは居心地のいい空間であったほうがいい。
そういう想いでキッチンの配置や、物の置き方を考えています。
まずは自分が居心地のいい空間を作ることが大切なのかも。

\ 作り方 1 /

会話しやすい空間作り

平日、子供たちはカウンターで朝食。その間、私
はカウンターの向かい側にいて、対面している状
態。何かしら作業をしながら話ができるので、忙
しい平日の朝の大切な会話の時間でもあります。

カウンターキッチンですが、その横にダイニングル
ームがあるんです。だから、カウンターの横にダイ
ニングテーブルを置きました。カウンターをよける
ように遠回りすることなく直接テーブルに行けます。

\ 作り方 2 /

動きやすい配置も大切

作り方 3

買い置きは少なめに

あまり買い置きや作り置きをするタイプではないので、買い物は週末に1週間分をまとめ買いして、あとは平日にちょこちょこ買い足すくらい。パントリーも詰まってないので物を探す時間が減るんです。

作り方 4

器もパントリーに入れて整理

食事の際に使うものだけでなく、撮影用の器やクロス、カトラリーなども必要なため、どうしても数が増えてしまって。そのため、棚に入りきらないものは余裕のあるパントリーに入れて整理しています。

庭で育てているものや買ってきたハーブなどの植物を飾ることが多いですね。ハーブはそのまま料理に使うこともあります。季節を感じることができますし、やっぱり気持ちが上がりますよね。

作り方 5

季節の植物を飾る

作り方 6

ものは極力外に出さない

特に片づけにこだわっているというわけではないですが、ものが外に出ていると作業しづらいので、極力、しまった状態に。料理の際などに余計な片づけが必要ないので、結果的に時短に。

PART 2　副菜　*Side Dish*

副菜って、もう1品欲しい時にパパッと作れると本当に便利！味つけだけいくつか
覚えておけば、あとは食材を替えるだけでもアレンジが広がります。作り置きできるものも
多いですし、お弁当のちょっとしたすき間を埋めたい！という時にも使えますよ。

シンプルだからこそ、素材の味が堪能できる
塩ゆでキャベツのたっぷりしらすのせ

調理時間 **5** 分

材料〈2人分〉

キャベツ(一口大に切る) … 1/4個
塩 … 適量
かつお節 … 適量
しらす … 20g
いりごま(白) … 適量
ごま油 … 適量

作り方

1. 鍋に水(分量外)を入れて湯を沸かし、湯1ℓあたり小さじ2の塩を加えてキャベツを1分ほどゆで、ざるにあげる。

2. しっかりと水けをきって器に盛り、かつお節、しらす、ごまをふってごま油を一回しする。

ひと手間で
簡単

キャベツはお湯に対して1%の塩でゆでて味をつければ、
それだけで十分！ あとはうまみのあるものと
オイルで風味づけを。のりや塩昆布、
いためたベーコンなどを加えたアレンジもおすすめ。

ブロッコリーを下ゆでせずに作れて、ゆでる用の鍋も、
調味料を混ぜるボウルも必要ない、鍋1つでできる
うれしい時短レシピ。鶏ひき肉と調味料を混ぜてから
加熱することでしっとり仕上がります。

お鍋1つでできるそぼろ煮は定番の仲間入り

ブロッコリーの塩そぼろ煮

調理時間 15分

材料〈作りやすい分量〉

鶏ひき肉 … 150g

しょうが(みじん切り) … 1かけ

A 酒 … 大さじ1

  塩 … 小さじ1/4

  砂糖 … 1つまみ

ごま油 … 小さじ2

水 … 150㎖

鶏がらスープのもと … 小さじ1/2

ブロッコリー … 1株

水溶き片栗粉 … 適量

いりごま(白) … 適量

作り方

1. 鍋に鶏ひき肉としょうが、A、ごま油半量を入れて混ぜる。中火にかけて、菜ばしでしっかりと混ぜながらそぼろ状にする。

2. 分量の水、鶏がらスープのもとを加え、沸騰してきたら小房に分けたブロッコリーを加える。ふたをして強めの弱火で2分蒸し煮にする。途中1〜2回、全体を混ぜる。

3. 味をみて必要なら塩(分量外)を加えて味を調え、水溶き片栗粉を回し入れてとろみをつける。仕上げに残りのごま油を回しかける。器に盛り、いりごまをふる。

山盛りの具材をのせれば大満足の冷ややっこが完成

ごちそう冷ややっこ

調理時間 **5** 分

材料〈2人分〉

A きゅうり（粗みじん切り）… 1/2本
青じそ（粗みじん切り）… 4枚
みょうが（粗みじん切り）… 1本
ザーサイ（粗みじん切り）… 10g
ハム（粗みじん切り）… 1枚（20g）
青ねぎ（小口切り）… 1本
しらす … 10g
ごま油 … 小さじ2
絹ごし豆腐（4等分に切る）… 1丁（約400g）
いりごま（白）… 適量
しょうゆ（またはポン酢）… 適宜

作り方

1. ボウルにAを入れて混ぜ、ごま油であえる。
2. 豆腐を器に盛り、1をのせていりごまをふる。お好みでしょうゆ（またはポン酢）をかけていただく。

ひと手間で
簡単

切るだけのパパッとレシピ。基本は、香味野菜とうまみのあるもの、オイルをあわせてのせるだけ。具やオイルを変えればアレンジも自在です。具だくさんにすればするほどごちそう感が増しますよ。

ほっこり冬の煮物。昔ながらの定番がしみじみおいしい

いかと里芋の煮物

調理時間 **40** 分

材料〈作りやすい分量〉

いか … 2杯（正味約300g）

里芋 … 300g

A | 水 … 300mℓ
 | 砂糖 … 大さじ2
 | みりん … 大さじ2

酒 … 大さじ2

しょうゆ … 大さじ2

作り方

1. いかはわたと目、軟骨を除き、わたとげそを切り分けてくちばしを取り除く。胴の中をしっかり洗い、水けをきったら皮ごと2cm幅に切る。げそは吸盤を落としてよく洗い、水けをきって3〜4等分に切る。

2. 里芋は皮をむき、大きいものは2〜3等分に切る。塩1つまみ（分量外）でよくもみ、流水でぬめりを洗い流す。

3. 鍋に**A**と**2**を入れて火にかけ、沸騰してきたら**1**、酒を加える。落としぶたをして弱めの中火で15分くらい煮る。途中であくを取り除く。

4. しょうゆを加えてさらに10分くらい煮る。

5. 落としぶたを外して煮汁をかけながら煮つめる。

ひと手間で
簡単

いかは途中で取り出さずにいっしょに煮ます。
中途半端に煮るよりもある程度しっかり煮たほうが
柔らかくなります。煮ている間はほったらかしでOK。
調味料は全部同量と覚えておけば簡単です。

ひと手間で
簡単

こんにゃくもきのこも、フライパンに
入れたら動かさずに焼くこと。
焼き色も調味料の一つ。
じっくり焼いて焼き色をつけることで
香ばしくなりますよ。こんにゃくの食感が
気になる方は最初に下ゆでを。

調理時間 **5** 分

ヘルシーだけどコクのあるソースで満足感は十分

こんにゃくステーキ

材料〈2人分〉

こんにゃく … 1枚(約100g)
サラダ油 … 大さじ1
エリンギ(縦4〜6等分に切る)
　… 2本(約100g)
バター … 5g
にんにく(みじん切り) … 1かけ
みりん … 大さじ1
しょうゆ … 大さじ1
砂糖 … 1つまみ
三つ葉(ざく切り) … 適量

作り方

1. こんにゃくは厚みを半分に切り、両面に浅く斜め格子状
   の切り込みを入れ、一口大に切る。

2. フライパンを中火で熱してサラダ油の1/3量を入れ、**1**を
   並べて2〜3分じっくりと焼く。返して同様に焼いたら、
   一度取り出す。

3. 残りのサラダ油を入れ、エリンギを並べて同様に焼いたら、
   取り出す。

4. 同じフライパンにバターを入れてにんにくをいため、み
   りん、しょうゆ、砂糖を加える。**2**、**3**を戻して煮汁を絡
   めながら煮つめる。器に盛り、たれをかけて三つ葉を添
   える。

ひと手間で
簡単

ツナ缶はつけてあるオイルにもうまみがあるので
つけ汁をきりすぎないこと。ツナとかつお節で十分、
うまみが出ますが、ラー油で辛みをプラスして
味にメリハリと変化をつけています。

調理時間 5 分

ご飯にもお酒にも合う
新玉ねぎの簡単な一品

新玉ねぎのツナラー油あえ

材料〈2人分〉

新玉ねぎ(小) … 1個

三つ葉(2～3cm長さに切る)
　　… 1/2束

ツナ缶(油づけ) … 1缶(70g)

かつお節 … 1つかみ

しょうゆ … 適量

ラー油 … 適量

作り方

1. 玉ねぎはスライサーで薄切りにして水にさらす。

2. 1の水けをよくきってボウルに入れ、三つ葉、油を
きったツナ缶、かつお節
を加えてざっと混ぜる。

3. 器に盛り、しょうゆとラ
ー油をかけていただく。

2

PART 3

メイン食材1つだけ

Only One Main

忙しくて買い物に行けない時など、食材が少なくて困ることもありますよね。
でも、メインとなる材料がたった1つでも、十分おいしい料理は作れます!
材料1つだからこそ素材の味を堪能できるところが私は好きなんですよね。

かぼちゃの煮物は
塩バター味で作るのが我が家の定番

かぼちゃの塩バター

調理時間 **15**分

材料〈2人分〉

かぼちゃ … 1/2個
砂糖 … 大さじ1前後
塩 … 1つまみ
バター … 5g

作り方

1. かぼちゃは食べやすい大きさに切り、面とりをする。
2. 鍋に並べ、かぶるくらいの水（分量外）を入れ、中火にかける。沸騰したら砂糖を入れてふたをし、8分くらい煮る。
3. 煮汁が少なくなったら、塩とバターを加え、煮汁を回して全体に味をなじませる。

➕
ひと手間で
簡単

ぐつぐつするくらいの中火で煮ることが、
ほくほくに仕上げるポイント。
砂糖の量はかぼちゃの甘さによって調節してください。
ほかの分量はすべて目分量でも大丈夫です！

ひと手間で
簡単

お湯に対して1%の塩でゆでる。これだけでも十分、

塩味がつくのでそのままでもおいしいんです。

簡単なぶん、ゆでる時間はきちんと測ること！

余熱で火を通すことで柔らかく仕上げます。

ゆでるだけでほんのり塩味&しっとり柔らか

柔らかゆでいか

調理時間 **15** 分

材料〈2人分〉

いか … 2杯(正味約150g)
三つ葉(ざく切り) … 適宜
しょうがじょうゆ … 適宜
七味マヨネーズ … 適宜

作り方

1. いかはわたと目、くちばし、軟骨を外して洗う。
2. 鍋に水(分量外)を入れて湯を沸かし、湯500mℓに対して酒大さじ1、塩小さじ1(ともに分量外)を入れる。
3. 中火にして1のいかを入れ、表面の色が変わったらふたをして火をとめ、1分おいたら取り出して水けをきる。切り分けて器に盛り、お好みで三つ葉を添え、しょうがじょうゆや七味マヨネーズをつけていただく。

Arrange ゆでいかをサラダにアレンジ! ピーマンが味のポイント

柔らかゆでいかと トマトのマリネサラダ

材料〈2人分〉

柔らかゆでいか … 2杯分
玉ねぎ … 1/8個
プチトマト(半分に切る) … 10個
ピーマン(みじん切り) … 1/2個
A 塩 … 小さじ1/4
　 はちみつ … 小さじ1/2
　 オリーブオイル … 大さじ2
　 レモン汁 … 1/4個分

作り方

1. 玉ねぎはみじん切りにして塩1つまみ(分量外)でもみ、5分ほどおく。
2. ボウルにいかと水けをよくきった1、プチトマト、ピーマン、Aを混ぜ、冷蔵庫に1晩おく。お好みで塩、こしょう(ともに分量外)で味を調え、器に盛り、Aで使ったレモンを添える。

しょうがで仕上げたさっぱりナムル

なすのしょうがナムル

調理時間 **10**分

材料〈2人分〉

なす … 2本
鶏がらスープのもと … 小さじ1/3
しょうが（すりおろし）… 1/2かけ
塩 … 適量
いりごま（白）… 小さじ1/2
糸唐がらし … 適量

作り方

1. なすのへたを取り、皮をむく。

2. 1をラップに包み、電子レンジ（600W）で3分加熱する。粗熱が取れたら縦半分に切ってから1cm幅に切る。

3. なすの水けをきってボウルに入れ、温かいうちに鶏がらスープのもとであえる。さらに、しょうがを加えてあえ、塩で味を調える。器に盛り、いりごまと糸唐がらしをのせる。

＋ひと手間で簡単

皮をむいてから電子レンジで加熱すると、
簡単に火が通り、色もきれいに仕上がります。
ナムルは一般的ににんにくを使うのですが、
代わりにしょうがを使って風味づけをし、
さっぱりと。

ひと手間で
簡単

調理時間 5 分

バターとかつお節で風味豊かに仕上げる

アスパラガスの
バターしょうゆきんぴら

アスパラガスをバターでいためる際、

水を加えることで蒸し焼きのような状態に。

そのまま、全体に火を通します。

塩もいっしょに入れると味がなじみやすく、

色も鮮やかになりますよ。

材料〈2人分〉

アスパラガス … 4〜5本

バター … 5g

水 … 大さじ1

塩 … 少々

しょうゆ … 少々

かつお節 … 1つまみ

作り方

1. アスパラガスは根元の固い部分を切り落とし、
   根元の皮をむき、3cm長さの細切りにする。

2. フライパンを中火で熱し、バターと1を入れてい
   ためる。全体にバターが回ったら、分量の水、
   塩を加え、水分をとばすようにいためる。

3. しょうゆを加えて味を調え、かつお節をふって
   軽く混ぜたら火をとめる。

ひと手間で
簡単

野菜がくたくたになるまでひたすら
加熱するだけ。ピーマンはカットするよりも
丸ごと加熱したほうが苦みなく仕上がります。
めんつゆで焼き浸しのようにすれば、
作り置きもできます。

丸ごと蒸し焼きするだけで、
種もわたもおいしくなる

丸ごとピーマンの
オイル蒸し

調理時間 **40**分

材料〈2人分〉

ピーマン … 5個
ごま油 … 適量
しし唐 … 10本
かつお節 … 適量
しょうゆ … 少々

作り方

1. ピーマンは縦に切り込みを入れ、そこから
   ごま油を少し入れ、フライパンに並べてさ
   らに上からごま油を一回しして火にかける。

2. 中火で表面に軽く焼き色をつけたら、しし
   唐を加え、ふたをして弱火で20〜30分蒸
   し焼きにする。途中で何度か転がしながら、
   くたくたになるくらいまで焼く。

3. 器に盛り、かつお節をのせ、しょうゆを少
   しかけていただく。

さっぱりひんやり。トマトのおいしさを満喫できる

プチトマトの
はちみつジンジャーマリネ

調理時間 **6** 分

材料〈作りやすい分量〉

プチトマト … **20**個
しょうが（すりおろし）
　… **1**かけ
はちみつ … **小さじ1〜2**
レモン汁 … **1/4**個分

作り方

1. プチトマトはへたを取って包丁の刃元で浅く十字の切り込みを入れ、熱湯に5〜10秒入れて冷水にとり、皮をむく。

2. しょうが、はちみつ、レモン汁であえる。

＋
ひと手間で
簡単

出来立てよりも冷蔵庫に入れてしばらくおき、しっかり味をなじませつつ冷やしてからいただくほうがおすすめです。
作り置きができるので、常備菜としても活躍。お弁当にも使えます。

ピリリと味を引き締めるゆずこしょうがカギ

れんこんの
ゆずこしょうあえ

調理時間 10分

材料〈2人分〉

れんこん … 250〜300g
塩 … 少々
酢 … 少々
A｜白だし … 小さじ2〜3
　｜ゆずこしょう … 小さじ1
　｜オリーブオイル … 小さじ1
すだち(スライス) … 適宜

作り方

1. れんこんは皮をむいて3cmくらいの乱切りにする。

2. 鍋にれんこんがかぶるくらいの水(分量外)を入れて湯を沸かし、塩と酢を加えたら1を3分ゆで、ざるにあげて水けをよくきる。

3. ボウルに2を入れ、Aであえる。お好みでスライスしたすだちを添える。

＋ひと手間で 簡単

白だし＋オリーブオイル＋ゆずこしょうは、
ゆずこしょうドレッシング(89ページ参照)と同じ組み合わせですが、
オリーブオイルを少なくすることで、和風のあえ物にも使えます。

しょうゆ、みりん、砂糖の基本の組み合わせに
酢を加えることで味が締まります。
しょうゆとみりんは、同量ですが、砂糖の量は
お好みで調節を。半熟で柔らかいので、
しっかり冷やしてから殻むきします。

黄身がとろん♪
そのままおかずに、麺にのせても

半熟味玉

調理時間 **10**分 （おく時間を除く）

材料〈4〜5個分〉

A 水 … 大さじ2
　　みりん … 大さじ2
　　しょうゆ … 大さじ2
　　砂糖 … 小さじ1
　　酢 … 小さじ1/2
卵 … 4〜5個

作り方

1. ジッパーつきポリ袋に **A** を入れる。好みでだし昆布（3cm角1枚・分量外）を入れても OK。

2. 鍋に卵がかぶるくらいの水（分量外）を入れて湯を沸かす。沸騰したら冷蔵庫から出したばかりの卵をお玉などを使って静かに入れ、6分くらいゆでる。ゆで始めはしばらく菜ばしで転がすと卵黄が中央に。

3. ゆであがったら、冷水にとってしっかりと冷やしてから殻をむき、**1** に入れ、空気を抜いて密閉する。冷蔵庫に1日以上おく。

ささっと出せたら、デキる主婦に！
栁川家のおつまみ&おもてなし

家族や友人とのホームパーティ、ちょっと贅沢＆のんびりしたい週末などに、
みんなで食べられるおつまみやおもてなし料理を作ってみませんか？
手軽に作れるけれど見栄えがいい、お酒にぴったり、アレンジもできる、
そんなおつまみ＆おもてなしレシピで、日常がランクアップ！

たことと春菊の 和風カルパッチョ

薬味をたっぷり楽しむ和風カルパッチョです。まず、葉を摘んでみじん切りにした春菊、水にさらしてみじん切りにした玉ねぎ、薄い輪切りにしたみょうがを合わせて、めんつゆとオリーブオイルであえます。器に並べた薄切りの蒸しだこにのせたら、いりごまをふり、パルメザンチーズを削って、すだちを絞っていただきます。シンプルな味つけなので素材の味を堪能できますよ。

生ハムいちじく

とっても簡単だけど、見栄えがいいので、おもてなしにぴったり。週末の朝ご飯にもおすすめです。いちじくは皮つきのまま食べやすい大きさにカットして器に盛り、生ハムとざっくり手でちぎったモッツァレラチーズをのせます。あとは、オリーブオイルと塩・こしょうをお好みで。いちじくは柿などで代用可。

焼きキャベツの
チーズのせ

春キャベツが出回るころ、たっぷり旬の物を食べたい！という時に
おすすめの一品。見た目も華やかで写真映えします。まず、くし形
に切った春キャベツを、オリーブオイルをひいたフライパンで焼き
色がつくまで焼いたら、水を少し加えてふたをして2〜3分蒸し焼
きに。塩をふり、カマンベールチーズをのせてふたをし、チーズが
溶けたら完成。塩の代わりに、かつお節＋しょうゆでも。

ゆずこしょう
いなりずし

白だしでさっぱり煮て、ゆずこしょ
うをきかせた甘くない大人のいなり
ずしです。油揚げを4等分に切り、
油抜きをしたら水けをよく絞ります。
鍋に水200mℓと白だし大さじ2を入
れて火にかけ、沸騰してきたら油揚
げを加え、落としぶたとふたをして
弱火で5分。そのまま冷まします。
俵形にゆるく握りゆずこしょうを少
し塗ったご飯に油揚げをかぶせたら
完成。紅しょうがを花形に飾れば、
おもてなしにもぴったり！

枝豆の
おつまみいため

ゆでることが多い枝豆を蒸し焼きに。食感も楽しめる
おつまみレシピです。最初に、枝豆は両端をキッチン
ばさみなどで切り落とし、塩でよくもんでおきます。
フライパンにごま油とにんにくのみじん切り、種を取っ
た赤唐がらしを入れて火にかけ、にんにくの香りが
してきたら枝豆を加えていためます。水大さじ1、鶏
がらスープのもと小さじ1/2を加えたらふたをして3
〜5分蒸し焼きに。仕上げに黒こしょうをふって。ス
パイシーさがやみつきになりますよ。

しらすと長ねぎの
アヒージョ

和風食材でご飯にも合うアヒージョです。
ココットにしらす、2cm幅に切った長ねぎ、
輪切りにした赤唐がらし、お好みのオイ
ルを入れて火にかけます。ふつふつして
きたらふたをして弱火で5分。バゲット
にのせていただきます。お好みでパルメ
ザンチーズやレモンと合わせて。ご飯に
のせる時はしょうゆを少しかけて。

かきのオイルづけ

我が家のおせちの定番メニューのひとつ。かきを流水で洗ったらざるにあげて水けをよくきります。フライパンに酒大さじ1といっしょに入れて、弱火〜中火でいり、水分がほぼなくなったらしょうゆ小さじ1を絡めて。保存容器にかきを入れ、種を取り除いて半分に折った赤唐がらし、あれば花ざんしょうを入れ、ごま油をひたひたに。冷蔵庫で保存し、食べごろは翌日から。パスタなどの具材にもなり、オイルはいため物やドレッシングに使えます。

海鮮ユッケ

混ぜ合わせるだけでできちゃう簡単おつまみ。ボウルにしょうゆ小さじ2、砂糖小さじ1/2、コチュジャン小さじ1、ごま油小さじ1を入れてよく混ぜ、粗く刻んだお好みの刺身を加えてあえます。器に盛り、卵黄をのせ、青ねぎやいりごまをふって。コチュジャンの代わりに刻んだキムチでも。

サラダ *salad*

サラダは、娘の朝食の定番メニューでもあるので我が家でもよく作ります。
葉物野菜のフレッシュなサラダには、ハムやベーコン、チーズなどを組み合わせて。
マカロニサラダやポテトサラダは作り置きもできるので、お弁当にもよく入れています。

オリーブオイルと塩でいただく

基本のグリーンサラダ

調理時間 **5** 分

材料〈1〜2人分〉

レタスなどお好みの葉物野菜 … 80g

オリーブオイル … 大さじ1

ハム … 1〜2枚（15〜30g）

塩 … 適量

モッツァレラチーズ … 30g

くるみ（ロースト）… 適量

黒こしょう … 適量

作り方

1. レタスなどの葉物野菜は洗ってしっかりと水けをきり、一口大にちぎる。
2. ボウルに入れてオリーブオイルであえる。
3. 一口大にちぎったハム、塩を加えてあえる。
4. 器に盛り、モッツァレラチーズを手でちぎってちらし、砕いたくるみ、黒こしょうをふる。

ひと手間で **簡単** ＋

味つけは塩とオリーブオイルだけ。先にオイルであえてから塩を加えるのがポイントです。材料は、葉物野菜＋うまみと塩けのあるもの＋チーズの組み合わせをベースにアレンジを。

仕上げのチーズはたっぷりがおすすめ

シーザーサラダ

調理時間 10分

材料〈1〜2人分〉

ロメインレタス … 1/3〜1/2株
ベーコン … 2枚（約50g）
サラダ油 … 小さじ1
温泉卵 … 1個
パルメザンチーズ … 適量
シーザードレッシング … 適量
好みのパン … 適量

作り方

1. ロメインレタスは洗ってしっかりと水けをきる。
2. フライパンを中火で熱し、サラダ油を入れてベーコンを焼き目がつくまで焼く。
3. 器に1、2を盛り、温泉卵をのせたらパルメザンチーズとシーザードレッシングをかける。お好みのパンを添える。

＋ ひと手間で 簡単

ベーコンも温泉卵も仕上げのチーズも調味料として使っているイメージです。シーザードレッシングは、混ぜる順番がポイント。下記の順番通りに入れると味が均一になります。

Arrange ｜ ヨーグルトでさっぱり！ シーザードレッシングの作り方

シーザードレッシング

材料〈作りやすい分量〉
マヨネーズ … 大さじ2
プレーンヨーグルト … 大さじ1
パルメザンチーズ … 大さじ1
塩 … 小さじ1/4前後
黒こしょう … 適量
牛乳 … 大さじ1
酢 … 小さじ1/2

作り方
ボウルにマヨネーズ、プレーンヨーグルト、パルメザンチーズ、塩を入れ、泡立て器で混ぜたら、黒こしょう、牛乳、酢を順に加えてその都度よく混ぜる。酸味が気になる時は最後に砂糖を1つまみ入れても。

調理時間 15分

きゅうりとハムとゆで卵。定番具材がうれしい

マカロニサラダ

材料〈作りやすい分量〉

マカロニ … 50g

コンソメ（顆粒）… 小さじ1/4

A | サラダ油 … 小さじ1
　 | 酢 … 小さじ1/2

きゅうり（薄切り）… 1/2本

ハム（細切り）… 2枚（約30g）

ゆで卵（乱切り）… 1個

B | マヨネーズ … 大さじ1〜2
　 | 牛乳 … 大さじ1

塩、こしょう … 各適量

作り方

1. マカロニは塩を適量入れた湯（湯1ℓあたり小さじ1の塩が目安・分量外）で表示時間通りにゆで、しっかり湯をきってボウルに入れてコンソメであえる。コンソメが溶けたら温かいうちにAであえる。きゅうりは塩もみする。

2. 1とハム、ゆで卵をBであえる。必要なら塩、こしょうで味を調える。

ひと手間で簡単

マヨネーズでしっかり味つけするので、マカロニをゆでる際は、お湯に対して塩を少なめの0.5%に。ゆでたマカロニにも下味をつけるので、マヨネーズ少なめでもおいしくできます。

ひと手間で
簡単

とうもろこしの甘さとハムの塩けで味つけがほぼ決まります。
マヨネーズだけだと少し濃すぎてしまうので、
同量のヨーグルトを混ぜてさっぱり仕上げています。

調理時間 10分

夏、旬のとうもろこしで作りたい

とうもろこしのチョップドサラダ

材料〈作りやすい分量〉

とうもろこし … 1本
きゅうり … 1本
紫玉ねぎ（みじん切り） … 1/4個
ハム（1cm角に切る） … 2枚（約30g）
A｜マヨネーズ … 大さじ1
　｜プレーンヨーグルト
　｜… 大さじ1
塩、こしょう … 各適量

作り方

1. とうもろこしは皮を少し残して水にくぐらせ、ラップで包み、電子レンジ（600W）で3分加熱する。途中、上下を返す。ラップを取って粗熱を取り、皮をむいて包丁で実をそぐ。

2. きゅうりは縦4等分にしてから5mm幅に切り、塩もみをする。紫玉ねぎは水にさらす。

3. ボウルに1、ハム、水けをきったきゅうりと紫玉ねぎを入れてAであえる。塩、こしょうで味を調える。

パパッと作れるヘルシーサラダ

アボカドと豆腐のサラダ

調理時間 5 分

材料〈1〜2人分〉

サニーレタス … 3枚

豆腐 … 1/2丁（200g）

アボカド（種を除いて1cm幅に切る）
… 1個

みょうが（せん切り）… 1個

いりごま（白）… 適量

ゆずこしょうドレッシング … 適量

作り方

1. サニーレタスは洗ってしっかりと水けをきり、一口大に手でちぎる。

2. 豆腐は水きりをする。

3. ボウルに1、アボカド、2を手で一口大にちぎりながら入れて混ぜる。

4. 器に盛り、みょうが、いりごまをちらし、ゆずこしょうドレッシングをかける。

ひと手間で
簡単

和風サラダには、よくみょうがを入れます。めんつゆや白だしは
それだけでおいしいので、たとえば、めんつゆ：ポン酢：ごま油＝
1：1：1で合わせた簡単ドレッシングをかけるのもおすすめ。

Arrange | 白だしで深みを出したゆずこしょうドレッシングの作り方

ゆずこしょう
ドレッシング

材料〈サラダ2人分〉
白だし … 大さじ1
オリーブオイル … 大さじ1
酢 … 大さじ1/2
ゆずこしょう … 小さじ1/4〜1/2

作り方
分量は白だし2：オリーブオイル2：酢1を目安に。
ボウルに入れ、ゆずこしょうを少々加えてよく混
ぜる。それぞれの量はお好みでどうぞ。

しっかり下味をつけるのが母からの教え

母から伝わるポテトサラダ

調理時間 30 分

材料〈作りやすい分量〉

じゃが芋 … 2個(250〜300g)
にんじん … 1/8本
きゅうり(輪切り) … 1/2本
A 砂糖 … 小さじ1
　 酢 … 小さじ1
　 牛乳 … 大さじ1〜2
　 塩 … 適量

玉ねぎ(または紫玉ねぎ)
　(みじん切り) … 1/8個
ハム(1cm角に切る) … 1枚(約15g)
マヨネーズ … 大さじ1強
ゆで卵(乱切り) … 1個
塩、黒こしょう … 各適量

作り方

1. じゃが芋は皮をむいてそれぞれ8等分に、にんじんは皮をむいて縦半分に切る。鍋に入れてかぶるくらいの水(分量外)を加え、ふたをして火にかける。沸騰したら弱火で柔らかくなるまで10〜15分ゆでる。

2. 玉ねぎは水にさらす。きゅうりは塩少々でもみ、5分くらいおいて水分をしっかり絞る。

3. 1のにんじんを取り出して薄切りにする。鍋のゆで汁を捨てて火にかけ、粉ふき芋を作るようにふたをして鍋をゆすりながら水分をとばす。熱いうちにAで下味をつける。

4. 3の粉ふき芋に、2の水けをきった玉ねぎときゅうり、3のにんじん、ハム、マヨネーズを加えてあえ、最後にゆで卵を加えてざっと混ぜる。必要なら塩、黒こしょうで味を調える。

ひと手間で簡単

じゃが芋に下味をつけることで、マヨネーズが少なめでもおいしいポテトサラダに仕上がります。下味に砂糖をプラスするとぐっとおいしくなるので、ぜひ試してみてくださいね。

調理時間 20分

マヨネーズなし！オリーブオイルでヘルシーに

オリーブオイルのポテトサラダ

材料〈作りやすい分量〉

じゃが芋 … 2個（250〜300g）
紫玉ねぎ（スライス） … 1/8個
A｜砂糖 … 小さじ1
　｜酢 … 小さじ1と1/2
　｜塩 … 小さじ1/4前後
ハム（一口大に切る） … 2枚（約30g）
ゆで卵（乱切り） … 1個
オリーブオイル … 大さじ1〜2
黒こしょう … 適量
セルフィーユ … 適宜

作り方

1. じゃが芋は皮をむいて8〜10等分に切り、鍋に入れてかぶるくらいの水（分量外）を加え、火にかける。沸騰したらふたをして弱火で柔らかくなるまで10〜15分ゆでる。

2. 紫玉ねぎは水にさらす。

3. じゃが芋に火が通ったらゆで汁を捨てて火にかけ、粉ふき芋を作るようにふたをして鍋をゆすりながら水分をとばす。

4. Aを加えて混ぜ、水けをよく絞った紫玉ねぎ、ハムを加えてさらに混ぜる。最後にオリーブオイルとゆで卵を入れて混ぜたら黒こしょうをふる。器に盛り、お好みでセルフィーユを添える。

ひと手間で簡単

じゃが芋の下味とオリーブオイルで、

ドレッシングであえたようなさっぱりとしたポテトサラダになります。

下味の酢の代わりに粒マスタードを入れてもおいしくなりますよ。

PART
4
サラダ

調理時間 20分

薄ピンク色がかわいいタラモはお弁当の彩りにも

タラモサラダ

材料〈作りやすい分量〉

じゃが芋 … 2個(250〜300g)
砂糖 … 小さじ1
塩 … 1つまみ
マヨネーズ … 大さじ1と1/2
牛乳 … 大さじ1と1/2
たらこ … 40〜50g
黒こしょう … 適量
パセリ … 適宜

作り方

1. じゃが芋は皮をむいてそれぞれ8等分にして、鍋に入れてかぶるくらいの水(分量外)を加え、ふたをして火にかける。沸騰したら弱火で柔らかくなるまで10〜15分ゆでる。

2. ゆで汁を捨てて再びふたをして火にかけ、粉ふき芋を作るように鍋をゆすりながら水分をとばす。砂糖と塩を加えて混ぜる。

3. マヨネーズ、牛乳、薄皮を除いたたらこを加えて混ぜたら、器に盛り、黒こしょうをふり、お好みでパセリを添える。

ひと手間で
簡単

酢は入れていませんが、じゃが芋に下味をつけるところはほかのポテトサラダと同じ要領です。マヨネーズと牛乳は基本、同量ですが、お好みでどちらかを増やしてもOKです。

いつもの味にホッとする

柳川家の朝食＆お弁当

朝食

パンは買ってきた日に冷凍保存。息子が朝食によく食べる具材ののったトーストは、パンを冷凍するついでにトッピングものせて、それぞれラップに包んで冷凍庫へ。朝は凍ったままトースターで焼くだけなので手軽です。

サラダは塩とオリーブオイルで食べるのが好きなんです。冷蔵庫にあるもので作るので、材料はその日によって違いますが、この日はサニーレタス、クレソン、アボカドに鶏胸肉のレンジ蒸し鶏とクリームチーズ、最後にくるみをちらして。

かぼちゃのポタージュはとうもろこしだけポタージュ（100～101ページ参照）と同様に作り置きして、朝は牛乳と生クリームを混ぜてレンジ加熱。レタスとナッツのサラダに、作り置きのかぼちゃサラダ、ウインナーを添えました。

ピザ用チーズ20ｇ、薄力粉小さじ1、牛乳と生クリーム各大さじ1を混ぜただけの簡単ホワイトソースでグラタントースト。この日の具材はハムとアスパラガスに。食パンの中央を少しくぼませるとソースがたれにくくなります。

毎日、作るものだからメニューに困る……という方もいるかもしれません。

でも、朝食やお弁当ってルーティーンになっているから意外と同じようなメニューのほうが食べる側もホッとしたりして。いつものメニューでちょっとだけ具材や味つけを変えるくらいで、実はちょうどいいのかもしれないですね。

マカロニサラダ（86ページ参照）、卵焼き、セロリきんぴらといった副菜とゆでアスパラガスは前日までに作っておきます。朝はメインのチキンソテーを焼いて、アスパラガスをごまあえにするくらい。前日までの準備で朝が断然、ラクに！

牛丼（113ページ参照）の具、卵焼きは作り置きしておきます。ほうれんそうはゆでておいて、朝、ごましょうがあえに。朝はほとんど詰めるだけ！ 牛丼は具に味がしみ込んでいるので、つゆを少なめに。汁もれの心配もありません。

鶏胸肉のレンジ蒸し鶏（22〜23ページ参照）、レタス、卵サラダのサンドイッチと、ハム、カマンベールチーズ、マスタードのサンドイッチ。蒸し鶏は作り置き、ゆで卵は卵を前日にゆでておけば、朝、サラダにするだけでOK！

卵焼きやポテトサラダ（90〜91ページ参照）などの副菜はほぼ作り置き。さけのみりんづけ（50〜51ページ参照）は前日につけておき、朝、焼きます。グリルでさけを焼く時、横でしいたけのマヨチーズ焼きもいっしょに作っちゃいます。

PART 5

スープ／汁物 *soup*

スープや汁物って面倒なように思えるかもしれませんが、実は具材を鍋に入れて
煮込むだけなので、手間がかからないものが多いんです。具だくさんにすれば、
それだけで十分おかずになるので、私は忙しい日のレパートリーの一つにしています。

豚ばら肉で食べ応えも十分な具だくさんみそ汁

きのこたっぷり豚汁

調理時間 **15** 分

材料〈作りやすい分量〉

お好みのきのこ類 … 250g

だし汁 … 600㎖

豚ばら肉（薄切り）（小さめの一口大に切る）… 100g

長ねぎ（斜め薄切り）… 1/4本

みそ … 大さじ2〜3

作り方

1. きのこ類は石づきを取って食べ
   やすい大きさに切る。
2. 鍋にだし汁と**1**を入れて火にか
   け、沸騰してきたらふたをして
   弱火で10分くらい煮る。
3. 豚ばら肉と長ねぎを加えて肉に
   火が通るまでさっと煮る。
4. みそを加えて味を調える。

ひと手間で
簡単

きのこはしっかり煮てうまみを出し、
豚肉は仕上げにさっと入れて
柔らかく仕上げること！
硬くなりがちな豚肉もおいしく食べられます。
きのこは数種類入れたほうがおいしいです。

週末のんびり作りたい春野菜たっぷりのスープ

春のクラムチャウダー

調理時間 20分

材料〈作りやすい分量〉

バター … 20g

ベーコン（1cm幅の拍子木切り）… 50g

玉ねぎ（1cm角に切る）… 1/4個

じゃが芋（角切り）… 小1個

キャベツ（1cm角に切る）… 80〜100g

薄力粉 … 大さじ1

水 … 200mℓ

牛乳 … 200mℓ

アスパラガス

　（小口切り、穂先は4cm長さに切る）… 2本

あさり（殻付き）… 200g

塩、こしょう … 各適量

作り方

1. 厚手の鍋を中火にかけ、バターとベーコン、玉ねぎ、じゃが芋をいためる。全体が混ざったらキャベツを加えてさらにいためる。

2. 薄力粉をふるい入れていためる。

3. 分量の水を加えて沸騰したらふたをし、時々混ぜながら5分煮る。

4. 牛乳を加えて沸騰してきたらアスパラガスとあさりを加え、あさりの口が開くまで煮る。塩、こしょうで味を調える。

ひと手間で簡単

ホワイトソースは、具に薄力粉を加えて作るので
お鍋1つでできちゃいます。
工程1で、野菜はしっかりめにいためておきましょう。
あさりは最後に加えると身がふっくらします。

芯まで煮込んでとうもろこしの甘みを満喫

とうもろこしだけ
ポタージュ

調理時間 20分

材料〈作りやすい分量〉

とうもろこし … 1本（正味約200g）　生クリーム … 50㎖
バター … 10g　　　　　　　　　　塩、こしょう … 各適量
水 … 200㎖　　　　　　　　　　　オリーブオイル … 適宜
牛乳 … 150㎖　　　　　　　　　　黒こしょう … 適宜

作り方

1. とうもろこしの実を包丁でそぐ。芯はとっておく。
2. 厚手の鍋にバターと1の実を入れて弱火でいためる。
3. 分量の水と1でとっておいたとうもろこしの芯を加えてふたをし、沸騰したら弱火で15分くらい煮る。
4. 3をブレンダーで攪拌し、ざるなどで裏ごしする。
5. 牛乳と生クリームを加えて、塩・こしょうで味を調える。
6. 器に盛り、お好みでオリーブオイルと黒こしょうをふる。

ひと手間で
簡単

とうもろこしの芯もいっしょに調理すると、いいだしがでます。

4の工程後にジッパーつきポリ袋に入れ、冷凍または冷蔵で作り置きしておくと、食べる時に5の工程を加えるだけ。

調理時間 **5** 分

さば缶のうまみがスープに溶け出す

さば缶キムチのピリ辛ごまみそスープ

材料〈2人分〉

練りごま(白) … 大さじ2

水 … 200㎖

| A | 鶏がらスープのもと … 小さじ1
| | みそ … 小さじ2
| | しょうゆ … 小さじ1〜2

しょうが(せん切り) … 1かけ

長ねぎ(斜め薄切り) … 1/4本

さば水煮缶 … 1缶(190g)

キムチ … 100g

青ねぎ(5cm長さに切る) … 適量

いりごま(白) … 適量

糸唐がらし … 適量

作り方

1. 鍋に練りごまを入れ、分量の水を少しずつ加えてよく溶き、Aを加えて混ぜる。火にかけてフツフツとしてきたら、しょうが、長ねぎ、さば水煮、キムチを加える。再びフツフツしてきたら弱火にし、1〜2分煮る。

2. 青ねぎを加え、器に盛って、いりごま、糸唐がらしをちらす。

さば缶とキムチは、うまみたっぷりの食材！
煮込むだけで、すぐにうまみが出ます。
ご飯を入れてもおいしいですよ。
さば缶やキムチはメーカーによって
味が違うので、しょうゆの量は調整を。

ひと手間で簡単

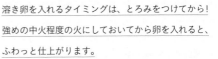

思い立ったらすぐに作れちゃうスープです。
溶き卵を入れるタイミングは、とろみをつけてから！
強めの中火程度の火にしておいてから卵を入れると、
ふわっと仕上がります。

調理時間 3 分

かにかまぼこやわかめ、
帆立てなどの具を加えてもOK

3分卵スープ

材料〈2人分〉

水 … 400mℓ
鶏がらスープのもと
　　 … 大さじ1
水溶き片栗粉 … 適量
溶き卵 … 1個分
長ねぎ（小口切り）… 適宜
いりごま（白）… 適宜

作り方

1. 鍋に分量の水と鶏がらスープのも
   とを入れて火にかけ、沸騰してき
   たら水溶き片栗粉を少しずつ加え
   てよく混ぜてとろみをつける。

2. 溶き卵を流し入れて、一呼吸おい
   たらゆっくりとお玉で混ぜる。

3. 器に盛り、お好みで長ねぎ、いり
   ごまをふる。

覚えておくと便利＆時短でもう一品

たれ・ソース・ドレッシング

玉ねぎしょうが ドレッシング

しょうが1かけ、玉ねぎ1/4個をみじん切りにして大きめの耐熱容器に。ポン酢50㎖を加えてラップをせずに電子レンジで2分加熱。オレンジジュースとお好みのオイルを25㎖ずつ加えて、冷蔵庫で冷やします。味を見て必要なら塩で味を調えて。おすすめは豚しゃぶサラダです！

和風なタルタル

ゆで卵、らっきょう（甘酢づけ）をみじん切りに、青ねぎを小口切りにし、ボウルに入れたら、マヨネーズとらっきょうのつけ汁を加えて混ぜ、塩で味を調えます。らっきょうのつけ汁でお好みの緩さに調節を。相性がいいのはやっぱり白身魚などのフライ。和風ですが、サンドイッチにも合いますよ。

ごまだれ

ねりごま（白）大さじ2、砂糖・みそ各大さじ1、酢小さじ2、しょうゆ小さじ1、いりごま（白）小さじ1、すりおろしたしょうが1かけ分を混ぜ合わせたら完成。中華風のごまだれは、麺類のかけ汁、つけ汁にしたり、棒々鶏（バンバンジー）や豚しゃぶ、あえ物に使ったりと、幅広いアレンジが可能です。

市販のたれやドレッシングも便利でおいしいけれど、使いきれないということもしばしば。
食材を切って混ぜるだけでいろいろなバリエーションのものが作れるので、
ぜひ、いくつか覚えておきましょう。その場でパパッと作るだけで、
自分好みの味になりますし、慣れてしまえばすぐに作れて時短でもう1品増やせます。

万能ねぎ塩だれ

長ねぎ1/2本をみじん切りにして電子レンジで30
〜40秒ほど加熱。熱いうちに鶏がらスープのもと
小さじ1/2と塩小さじ1/4を混ぜて溶かしたら、ご
ま油大さじ1を加えて。塩唐揚げや焼き魚にかけ
たり、納豆、アボカドなどとあえたり、その名の
通り万能に使えます。

PART 6

ご飯／麺 *Rice / Noodle*

仕事で疲れて帰ってきても、夕食がおいしいとそれだけで疲れも吹っ飛んじゃう！
ご飯や麺類はパワーの源でもあるから、家族にもしっかり食べてほしいんですよね。
ボリュームがあるものでも、コツさえ押さえれば短時間で十分おいしく作れます。

中はバターじょうゆのしらすチャーハン
和風なオムライス
調理時間 10 分

材料〈2人分〉

だし … 200㎖

A みりん … 小さじ2
　 しょうゆ … 小さじ1/2
　 塩 … 小さじ1/2

水溶き片栗粉 … 小さじ2前後
青ねぎ(小口切り) … 3本
バター … 20g
ご飯 … 茶わん2杯分(約300g)
しらす … 20g
いりごま(白) … 小さじ2
しょうゆ … 小さじ1
卵 … 4個

作り方

1. 小鍋にだし(大さじ2は取っておく)とAを入れて火にかける。沸騰してきたら弱火にして水溶き片栗粉を加え、木べらでよく混ぜながら1〜2分加熱する。

2. 青ねぎは飾り用に少し取り分けておく。フライパンに半量のバターを入れ、ご飯としらすを加えていためる。青ねぎ、いりごま、しょうゆを加えて混ぜ合わせて一度、皿などに取る。

3. 卵をよく溶き、1で取っておいただし大さじ2を加えて混ぜる。フライパンを中火で熱して残りのバターの半量を入れる。半量の卵液を流し入れて半熟になるまで手早く混ぜ、半量の3をのせて包む。同様にもう一つ作る。

4. 器に盛った4に2のあんを半量ずつかけ、取り分けておいた青ねぎをのせ、いりごま(分量外)をちらす。

ひと手間で
簡単

もっと時短したい時はご飯をいためず、
具材を混ぜるだけでもOK。
あんは白だしを薄めたものでも代用可。
和風だしとバターは好相性なので
ほかのレシピにも活用してみてください。

塩ざけを使えばのせて炊くだけで完成！

塩ざけの炊き込みご飯

調理時間 45 分 （炊飯器により時間は異なります）

材料〈作りやすい分量〉

米 … 2合

A｜水 … 適量
　｜塩 … 小さじ1/2
　｜みりん … 小さじ1
　｜しょうゆ … 小さじ1

昆布 … 5cm角 1枚

塩ざけ（切り身、甘口） … 150g

三つ葉（粗みじん切り） … 適量

いりごま（白） … 適量

作り方

1. 米は洗って炊飯器（または鍋）に入れ、Aを加えて混ぜる。水は、炊飯器なら2合の目盛りまで、鍋なら360mℓ入れる。

2. 昆布、塩ざけをのせて炊く。炊き上がったらさけの皮と骨を取り除き、三つ葉、いりごまを加えて混ぜる。塩ざけの塩分によっては、最後に塩やみりん、しょうゆで味を調える。

ひと手間で
簡単

さけの水分はキッチンペーパーで拭いておくこと。

このひと手間で、魚臭さが取れ、味も上品に仕上がります。

お好みで、炊き上がってからバターを1かけ加えると、

コクのあるさけバターご飯に。

定番の親子丼はめんつゆで十分、味が決まる

めんつゆの簡単親子丼

調理時間 10 分

材料〈2人分〉

A | めんつゆ(2倍濃縮) … 50㎖
  | 水 … 50㎖
  | みりん … 大さじ1
鶏もも肉(一口大に切る) … 200g
玉ねぎ(薄切り) … 1/2個
卵 … 2個
ご飯 … 茶わん2杯分(約300g)
三つ葉(ざく切り) … 適量

作り方

1. フライパン（または鍋）にAを入れて火にかけ、沸騰してきたら玉ねぎを加える。その上に鶏もも肉を広げて入れ、鶏肉の下側の色が変わったら返す。ふたをして強めの弱火で1分煮る。

2. 卵をよく溶き、中火にして半量を中央に回し入れる。

3. 10秒ほど煮たら、残りの卵を周囲に回し入れる。卵が半分ほど固まったらふたをして火をとめる。卵がお好みの固さになったらご飯にのせ、三つ葉をのせる。

ひと手間で簡単

めんつゆと水にみりんを入れることで、コクのある丼つゆに。
卵は中央を先に、まわりは後に、
2回に分けて入れると均一に仕上がります。
鶏肉はふたをして短時間煮ることで柔らかくなりますよ。

調理時間 10 分

ご飯に卵を混ぜてからいためればパラパラに

失敗知らずのチャーハン

材料〈2人分〉

豚ばら肉(薄切り) … 100g

A | 砂糖 … 小さじ1/2
　 | しょうゆ … 小さじ1

B | ご飯 … 1合分(約350g)
　 | 卵 … 2個
　 | 鶏がらスープのもと … 小さじ1/2
　 | 塩 … 1つまみ

サラダ油 … 大さじ1

長ねぎ(みじん切り) … 1/2本

しょうゆ … 小さじ1/2〜1

作り方

1. 耐熱ボウルに豚ばら肉とAを入れてもみ込み、電子レンジ(600W)で1分30秒加熱し、刻む。同じボウルに刻んだ肉を戻して味をしみ込ませる。
2. 別のボウルにBを入れ、混ぜる。
3. フライパンを中火で熱してサラダ油を入れ、2を少量ずつ広げて入れ、底が焼けてきたら返してほぐすことを繰り返す。
4. 1と長ねぎ(飾り用に青い部分は取っておく)を加えていため合わせ、仕上げにしょうゆで味を調える。
5. 器に盛り、取っておいた長ねぎをちらす。

ひと手間で簡単

失敗しないコツは、ご飯に下味をつけておくことと、しっかり焼くこと。

下味をつけると、仕上がりの味も決まりやすいです。

いためる時は急がずに。ゆっくり焼き色をつけて返す気持ちでOKです。

ひと手間で
簡単

煮るだけでいいので、

忙しい日の夕飯によく作ります。

味をなじませている間に別のことをして、

食べる時にまた温めて。

ほかの調理と同時進行できるのもラク。

牛肉は適度に脂身の入った薄切りを選んで。

調理時間 **25**分

たっぷりの煮汁をご飯にかけて食べたい

つゆだく牛丼

材料〈2人分〉

玉ねぎ（薄切り）… 1/2個

A | 水 … 120㎖
  | しょうゆ … 大さじ3
  | みりん … 大さじ1
  | 砂糖 … 大さじ1〜1と1/2
  | 昆布 … 3㎝角1枚

牛肉（薄切り）（一口大に切る）
　… 250g

ご飯 … 茶わん2杯分（約300g）

紅しょうが … 適宜

七味唐がらし … 適宜

作り方

1. 鍋に玉ねぎとAを入れて火に
   かける。ふたをして沸騰した
   ら弱火で2〜3分煮る。

2. 鍋に牛肉をほぐしながら加え、
   一煮立ちしたら火をとめる。
   ふたをしてそのまま15分くら
   いおき、味をなじませる。

3. 器にご飯を盛り、温めた2を
   かける。お好みで紅しょうが
   を添え、七味唐がらしをふる。

あさりのだしをパスタにしみ込ませて

あさりのスープパスタ

調理時間 **15** 分

材料〈2人分〉

パスタ … 160g

オリーブオイル … 大さじ1

にんにく(みじん切り) … 1かけ

赤唐がらし(種を取る) … 1/2〜1本

あさり(殻付き、砂抜きしたもの) … 300g

白ワイン … 50㎖

水 … 200㎖

コンソメ(顆粒) … 小さじ1

塩、黒こしょう … 各適量

セルフィーユ … 適宜

作り方

1. 大きめの鍋に水(分量外)を入れて湯を沸かし、湯1ℓに対して塩小さじ1を入れ、パスタを加えてゆで始める。表示時間より1分短くゆでること。

2. フライパンにオリーブオイル、にんにく、赤唐がらしを入れて中火にかけ、にんにくが色づいてきたらあさりを加えてさっといため、白ワインを加えてふたをする。

3. あさりの口が開いたら分量の水とコンソメを加えて1分くらい煮る。

4. 1を加えて1分煮る。必要なら塩で味を調え、黒こしょうをふる。器に盛り、お好みでセルフィーユを添える。

PART **6** ご飯／麺

ひと手間で簡単

多めのスープで煮るので、

パスタをゆでる時の塩は0.5％に減らします。

家で作ると難しいオイルパスタも、

あさりのだしが出たうまみたっぷりの

スープで作ると失敗しにくいです。

ゆでたパスタにソースを混ぜるだけ

明太子パスタ

`調理時間 10分`

材料〈2人分〉

パスタ … 200g

明太子 … 60〜80g

バター … 20g

オリーブオイル … 10g

パスタのゆで汁 … 大さじ4〜6

めんつゆ(2倍濃縮)(または白だし) … 適量

塩 … 適量

青じそ(せん切り) … 適宜

作り方

1. 大きめの鍋に水(分量外)を入れて湯を沸かし、湯1ℓに対し塩小さじ2前後を入れた湯でパスタを表示時間通りにゆでる。

2. ボウルに薄皮を除いた明太子、バター、オリーブオイルを入れる。

3. 1を加えてあえる。パスタのゆで汁を大さじ1ずつ加えながらソースをのばしてさらにあえる。隠し味にめんつゆ(または白だし)を少し加えて味を調える。

4. お好みで青じそをトッピングしていただく。

ひと手間で簡単

パスタはしっかり下味をつけたいので

ゆでる時の塩は1%前後で。

この塩味と明太子でほぼ味がつきます。

あえるだけのパスタは鍋1つと

ボウルだけあればできるので

洗い物も少なくてすみますよ。

ごま油の香りと風味が食欲をそそる

オクラ納豆そうめん

調理時間 **10** 分

材料〈2人分〉

オクラ … 6本
納豆 … 2パック
ごま油 … 大さじ2
そうめん … 150〜200g
温泉卵 … 2個
いりごま（白）… 適量
刻みのり … 適量
めんつゆ（2倍濃縮）… 適量

作り方

1. オクラは塩ゆで（分量外）して粗いみじん切りにする。納豆、半量のごま油を加えて混ぜる。
2. そうめんをゆでて冷水にとり、水けをよくきって器に盛る。
3. 1と温泉卵をのせて残りのごま油を回しかける。いりごま、刻みのりをふり、表示通りにうすめためんつゆをかける。

ひと手間で
簡単

そうめんだけだと、
ちょっと物足りないということがあるんですよね。
でも、トッピングを豪華にすると
1品でも満足感あるそうめんになります。
また、コクと風味が増すごま油は欠かせません！

寒い日に食べたくなる、あつあつの鍋焼き

ちくわおろし
鍋焼きうどん

調理時間 **10** 分

ひと手間で
簡単

白だしがあると、

麺のかけつゆや鍋つゆとしても

使えるので、我が家では常備しています。

うどんは鍋焼きにするだけで

気分が変わりますし、

天ぷらをのせることでごちそう感も出ます。

材料〈2人分〉

A 水 … 600㎖
　 白だし … 大さじ6

うどん … 2玉

ちくわ天 … 2本

大根おろし … 適量

長ねぎ(小口切り) … 1/2本

せり(3㎝幅のざく切り) … 2〜4本

温泉卵 … 2個

すだち … 適宜

七味唐がらし … 適宜

作り方

1. 土鍋にAを入れて火にかける。沸騰してきたら
　 ゆでたうどんを入れて一煮立ちさせる。

2. ちくわ天、大根おろし、長ねぎ、せり、温泉卵
　 をのせ、再度沸騰してきたら火をとめる。お好
　 みですだちをのせて七味唐がらしをふる。

冷たいそばを温かいつけ汁でいただく

鶏ねぎつけそば

調理時間 10 分

材料〈2人分〉

鶏もも肉 … 100g

塩 … 少々

砂糖 … 少々

ごま油 … 小さじ2

長ねぎ（拍子木切り） … 1/4本

水 … 100〜150㎖

めんつゆ（2倍濃縮） … 100㎖

そば … 200g

七味唐がらし … 適宜

すだち … 適宜

作り方

1. 鶏もも肉は一口大に切って塩、砂糖をもみ込む。

2. フライパンを中火で熱してごま油と1を入れて両面に
   焼き色をつける。フライパンの空いているところに長
   ねぎを入れていためる。

3. 分量の水とめんつゆを加えて軽く煮る。

4. そばをゆでて冷水で締めて器に盛り、3につけていた
   だく。お好みで七味唐がらしをふり、すだちを添える。

ひと手間で 簡単

焼き色もおいしい調味料のひとつ。

鶏肉やねぎは、しっかり焼く気持ちで

こんがりと焼き色をつけること！

鶏肉に下味をつけておくと、肉が硬くならず、

あまり煮込まなくても味のなじみがよくなります。

PART 7 スイーツ *sweets*

早く帰れた日や週末など、少し時間に余裕がある時に家族に作ってあげると
とても喜んでくれるスイーツのレシピです。
スイーツって難しそうに見えますが、実は、工夫次第で簡単に作れちゃうんですよ。

電子レンジでおもちが求肥風に早変わり

おもちでいちご大福

調理時間 **15** 分

材料〈4個分〉

あん … 40g

いちご … 4個

切りもち … 1個（50g）

A｜水 … 大さじ1
｜砂糖 … 大さじ1

作り方

1. あんこは4等分し、それぞれへたを取ったいちごを包む。

2. 耐熱ボウルに切りもちと **A** を入れてラップをし、電子レンジ（600W）で1分加熱する。取り出してスプーンの背などで押しつぶしながらのばす。途中、なじみが悪くなったらさらに電子レンジで10秒くらいずつ加熱を追加する。

3. まな板に片栗粉（分量外）をたっぷりと敷き、**2** をのせて上からさらに片栗粉をまぶす。

4. 4等分に切り、それぞれ円形にのばして**1**を包む。

ひと手間で 簡単 +

切りもち1個、水と砂糖は大さじ1。
おもちの求肥風は全部1と覚えておくだけ！
レンジで加熱するとくっつきやすくなるので
片栗粉はたっぷり使うと作りやすいですよ。

PART **7** スイーツ

調理時間 **30** 分 （おく時間を除く）

アイスやチョコ、フルーツなど
トッピングを楽しんで

基本のクレープ

材料〈作りやすい分量〉

卵 … 1個

牛乳 … 250ml

A 薄力粉 … 100g
　砂糖 … 10g
　塩 … 1つまみ

バター（無塩）… 30g

好みのトッピング … 適量

作り方

1. ボウルに卵を割り入れ、泡立て器でよく混ぜる。半量の牛乳を加えて混ぜる。

2. Aを合わせてふるい入れて混ぜたら、残りの牛乳を加えてさらに混ぜる。

3. 耐熱ボウルにバターを入れ、ふんわりラップをし、電子レンジ（600W）で20秒くらい加熱する。バターが液状になるまで様子を見ながら10秒くらいずつ加熱を追加する。

4. 3を2に加えてよく混ぜる。冷蔵庫に1時間以上おく。

5. 冷蔵庫から取り出し、もう一度生地をよく混ぜる。フライパンを中火で熱し、生地を薄く流し入れて両面焼く。アイスクリームやチョコレート、ナッツ類、フルーツなどを好みでトッピングしていただく。

特別な材料は必要なし！ 基本、常備している材料ででき、

フライパンで作れるのでとっても手軽です。

実は、我が家で一番人気のトッピングは、シナモンシュガーなんです。

ひと手間で 簡単

型なしで作れるサブレです。
フードプロセッサーを使うと
生地作りもあっという間です。
最後にチョコレートチップや
ナッツを混ぜると
バリエーションが広がりますよ。

調理時間 30分 （おく時間を除く）

シンプルなサブレは素朴なサクサクの食感が決め手

プレーンサブレ

材料〈18〜20枚分〉

A 薄力粉 …70g
　アーモンドパウダー
　　…30g
　砂糖 …30g
　塩 …1つまみ
バター（あられ切り）…50g

※フードプロセッサーを使わない場合は、室温に戻して柔らかくしたバターを泡立て器で混ぜ、なめらかになったら砂糖を加えてさらに混ぜる。ふるった薄力粉、アーモンドパウダー、塩を加えてへらでさっくりと粉っぽさがなくなるまで混ぜる。工程3以降、同様。

作り方

1. フードプロセッサーにAを入れ、全体が混ざるようにざっとかける。途中、2〜3回とめてへらなどで混ぜる。

2. バターを加えて、スイッチのオンとオフを短く繰り返しながら混ぜる。全体がパラパラとしたのち、少し固まりができてくるころが終了の目安。

3. ぎゅっと固めて15cmくらいの棒状にし、ラップで包んで2時間以上冷蔵庫におく。

4. ラップを外して8mmくらいの幅に切り、軽く形を整えてオーブンシートを敷いた天パンに並べる。

5. 170度に予熱したオーブンで15分焼く。

1

2

3

4

調理時間 20分

花のように割れた表面はふかふかの証

抹茶小豆蒸しパン

材料〈4〜6個分〉

A │ 薄力粉 … 100g
  │ 抹茶 … 小さじ2
  │ ベーキングパウダー … 小さじ1/2
  │ 重曹（じゅうそう） … 小さじ1/4

砂糖 … 40〜50g

水 … 100mℓ

サラダ油 … 大さじ1

ゆで小豆 … 適量

作り方

1. Aを合わせてふるい、砂糖を加えて混ぜる。

2. 分量の水を加えて混ぜ、粉っぽさが少し残るくらいでサラダ油を加えて、さらに混ぜる。

3. 型の半分くらいまで生地を流し入れたら、ゆで小豆をティースプーン1杯程度ずつ加え、上に生地を重ねて八分目まで入れる。蒸気の上がった蒸し器に並べ、強火で8〜10分蒸す。

ひと手間で簡単

蒸しパンの仕上がりを左右するのは蒸し方。
固くならないか心配になるかもしれませんが、
強火で一気に蒸し上げることで、ふかふかに。
ゆで小豆は黒豆や甘納豆でもOK。

調理時間 10分

炭酸で割ったり、お酒に入れたりアレンジできる

レモネードのもと

材料〈作りやすい分量〉
レモン汁 … 100㎖（3〜4個分）
砂糖 … 130〜150g
水 … 50㎖

作り方
小鍋に材料をすべて入れて火にかけ、
砂糖が溶けたら火をとめて冷ます。

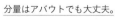
ひと手間で簡単

分量はアバウトでも大丈夫。
割る時に調整もできます。
夏は、炭酸を水で割ってレモネードにするのが子供たちに大人気。
スムージーに少しだけ入れてもおいしいです。

栁川かおり

料理家。2児の母。医師。出産を機に2011年より料理ブログをスタート。「シンプルな料理をよりおいしく!」をモットーに、毎日食べても飽きないような「おうちごはん」を提案している。2012年、「ヒルナンデス!」(日本テレビ系)番組内で開催された史上最大の家庭料理コンテスト「レシピの女王シーズン2」にて優勝。テレビや雑誌、ウェブサイトなど各種メディアにてコラム執筆、レシピ提供などを行うほか、食品メーカーのレシピ開発も手がける。『Every Table —1つていねいに作って、あとは「手を抜く」まいにちの食卓。』(主婦の友社)、『ストウブレシピ100』(学研プラス)、『カラダにうれしい毎日ごはん。』(発行:東京ニュース通信社、発売:講談社)など著書多数。

レシピサイトNadia公式ページ:
https://oceans-nadia.com/user/11285
公式インスタグラム:
@kaori_yanagawa

マネジメント	Nadia株式会社
	葛城嘉紀　黒澤佳　中村祐菜
写真	栁川かおり
企画・編集	株式会社ART NEXT
編集・構成	北村祐子[ART NEXT]
編集・原稿	小山暢子
デザイン	大島達也・高橋 良[chorus]
	岡本佳子[Kahito Commune]
	小椋由佳
協力	かどや製油株式会社
	株式会社クックアンドライフ社
	株式会社ピエトロ
	ヤマキ株式会社　(50音順)

いつものおかずがぐっとこなれる
簡単ひと手間 共働きごはん

2021年12月9日　第1刷発行
著者　栁川かおり
©Kaori Yanagawa 2021, Printed in Japan

発行者　鈴木章一
発行所　株式会社 講談社
〒112-8001　東京都文京区音羽2-12-21
編集 ☎03-5395-3447
販売 ☎03-5395-3606
業務 ☎03-5395-3615

印刷所　大日本印刷株式会社
製本所　大口製本印刷株式会社

ISBN 978-4-06-526599-4